글쓴이 황근기

강원도 춘천에서 태어났고, 대학에서 국문학을 전공했으며 지금까지 다양한 종류의 어린이 책을 썼습니다. 쓴 책으로는 《세계 지도로 보는 세계 세계인》《빨리빨리군, 만만디씨, 쓰미마셍양의 별난 문화 이야기》《세계에서 가장 큰 대륙, 아시아》 등이 있습니다. 늘 아이들의 눈높이로 세상을 보고 그것을 글로 표현하기 위해 노력 중입니다.

그린이 노지영

어릴 때 빨간 벽돌을 콩콩 빻아 소꿉놀이하는 걸 좋아했고, 학창 시절에는 글 쓰는 일이라면 어디든 기웃거리며 작가를 꿈꿨습니다. 상명대학교 국어국문학과를 졸업했고 KBS에서 〈엄마와 함께 동화 나라로〉, 〈꼬꼬마 텔레토비〉 등의 어린이 프로그램 작가로 일했습니다.
쓴 책으로는 《두근두근 방송국 탈출하기》, 《시험불안 탈출학교》, 《구석구석 어디든지 미생물》, 《따뜻한 가치동화》 등이 있습니다.

그린이 정호선

대학에서 산업디자인을 전공했고, 한국일러스트레이션학교에서 공부했습니다. 그린 책으로는 《어린왕자의 별》, 《우리 몸은 소중해》, 《어느 작은 나라에》, 《시크릿 다이어트》 등이 있습니다. 현재 그림책, 광고, 잡지 등에 다양한 일러스트를 그리고 있습니다.

감수 및 추천이 윤옥경

서울대학교 지리교육학과를 졸업하고, 같은 대학원 박사과정을 마쳤습니다. 15년 동안 서울의 중·고등학교에서 지리를 가르쳤고, 지금은 대구가톨릭대학교 지리교육과 교수로 있습니다. 함께 쓴 책으로 《지리박물관》, 《독도 및 울릉도 관련 영토교육의 방향 모색》이 있습니다.

구석구석 5대양 6대주 지리동화

좌충우돌 세계지리 탐사대

황근기 · 노지영 글 | 정호선 그림
윤옥경 (대구가톨릭대학교 지리교육과 교수) 감수 및 추천

주니어김영사

저자의 글

좌충우돌 지리 탐사대와 떠나는 세계 지리 여행

세계 여러 나라의 지리는 조금씩 달라. 높은 산으로 둘러싸인 곳도 있고, 가도 가도 사막이 끝없이 펼쳐진 곳도 있고, 우리나라보다 몇 십 배나 더 넓은 정글로 이루어진 곳도 있지.

선생님은 해마다 세계로 여행을 다니는데, 여러 나라를 여행하다 그 지역의 독특한 지형과 지리를 보고 깜짝 놀란 적이 한두 번이 아니란다.

혹시 세계 지리 탐험을 해 보고 싶다는 생각을 해 본 적은 없니? 요즘은 방학을 이용해서 잠깐씩 해외를 나가는 친구들이 많지? 하지만 여러 가지 사정 때문에 떠나지 못하는 어린이들이 더 많을 거야.

선생님은 세계의 지리를 탐험해 보고 싶지만, 그렇게 하지 못 하는 어린이들을 위해 이 책을 쓰게 되었단다.

이 책에 등장하는 세 주인공은 뉴욕 지리 박물관에 갔다가 우연히 베게너 박사를 만나게 돼. 그리고 함께 6개의 신비의 돌을 제자리에 갖다 놓기 위해 마법의 지도를 들고 세계 여행을 떠나게 된단다.

지리 탐사대는 미국의 그랜드캐니언, 잉카의 세노테 우물, 세계에서 가장 큰 사막인 사하라, 흰 독수리 바위가 있는 아마존의 숲, 끝없이 이어져 있는 중국의 만리장성, 너무 추워서 아무도 살 수 없는 남극 등을 누비며 흥미진진한 모험을 펼친단다.

물론 지리 탐사대의 여정은 순탄하지 않지. 가는 곳마다 온갖 위기를 맞게 되거든. 하지만 그때마다 아슬아슬하게 위기를 넘기며 임무를 완수해 간단다.

지리 탐사대의 좌충우돌 활약상을 따라가다 보면 저절로 세계 곳곳의 자연환경과 원주민들의 생활 모습 같은 것을 알 수 있을 거야.

덤으로 세계 지리에 얽힌 다양한 상식도 기를 수 있지.

자, 그럼 이제 눈과 마음을 활짝 열고 우리 지리 탐사대와 함께 세계 지리 여행을 떠나 볼까?

황근기, 노지영

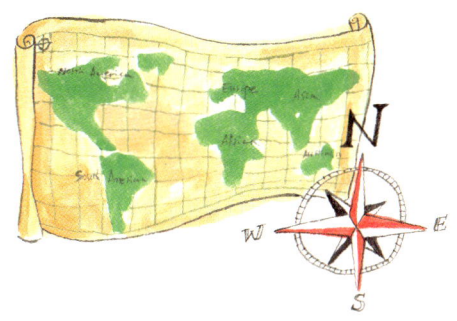

추천의 글

지리 공부의 출발을 호기심과 상상력에서

강인이, 무름이, 범수 그리고 베게너 박사가 떠나는 세계 지리 여행에 합류해 5대양 6대주를 저도 신 나게 돌아다녔습니다.

최근 들어 어린이를 위한 지리책이 재미있고 다양하게 출간되는 것은 무척 반가운 일입니다. 교과서도 많이 달라져 제가 어렸을 때 공부하던 교과서와는 너무나 다르게 좋아졌습니다. 또한 다양한 지리백과, 지리도감, 우리나라 지도책, 세계 지도책 등이 많이 나오는 것도 반가운 일입니다. 다소 아쉬웠던 점은 지리 관련 책들이 그저 교과서 내용을 만화나 그림책으로 만든다거나 딱딱한 설명을 말랑말랑한 이야기 식으로 푸는 정도로, 대부분 형태만 변화했다는 것입니다. 그런데 이번에 주니어김영사에서 나온 지리동화 《좌충우돌 세계지리탐사대》는 지리 지식을 이야기 속에 자연스럽게 녹여서 풀어냄으로써 지리책 분야에서 새로운 전환점이 되지 않았나 하는 생각이 듭니다.

초등학교 때의 지리 공부는 중학교, 고등학교 지리 시간에 배울 내용을 미리 공부해 간다는 선수 학습보다는 왜 지리가 필요한지, 지리가 우리 생활과 어떤 관련을 맺고 있는지부터 곰곰이 생각해 보기를 추천합니다.

과거 역사 속 인물이 어떻게 지리를 연구했으며, 나라별 국경선은 어떻게 정해졌고, 나라별 시간 차이는 왜 생기고, 각 나라의 기후가 왜 다를 수밖에 없으며, 지구의 현재 모습은 어떤 과정을 거쳤는지에 대해 의문점을 가지고 추측하고 상상해 보세요! 머릿속으로 궁금증을 만들어 보고, 그런 뒤 하나씩 알아가는 지리 공부를 했으면 좋겠습니다. 이 책 속 주인공인 강인이, 무름이, 범수처럼 말이죠.

이 책에서 탐사대가 마지막에 가는 남극 탐험은 사실 비현실적인 부분이 좀 있습니다. 남극은 영하 20도가 넘기 때문에 어린이들이 걸어서 여행하기가 불가능합니다. 어린이 독자들이 책 속 주인공들의 체험을 더욱 생생하게 상상하도록 하기 위해 이 책을 쓰신 글 저자 선생님들이 일부러 넣었던 부분이라 생각되니 상상력을 발휘하며 읽어 보기 바랍니다.

대구가톨릭대학교 지리교육과 교수 윤옥경

차례

저자의 글

추천의 글

우리는 지리 탐사대!   11

다시 살아난 베게너 박사님   22

마법의 지도와 신비의 돌   47

가자! 그랜드캐니언으로   53

공포의 세노테 우물   64

아마존 밀림과 흰 독수리 바위 75

전시실 습격 작전 92

신비의 돌을 잃어버리다 108

위기일발의 만리장성 117

최악의 상황에서 탈출하라! 129

강인이의 호주머니 속 비밀 노트

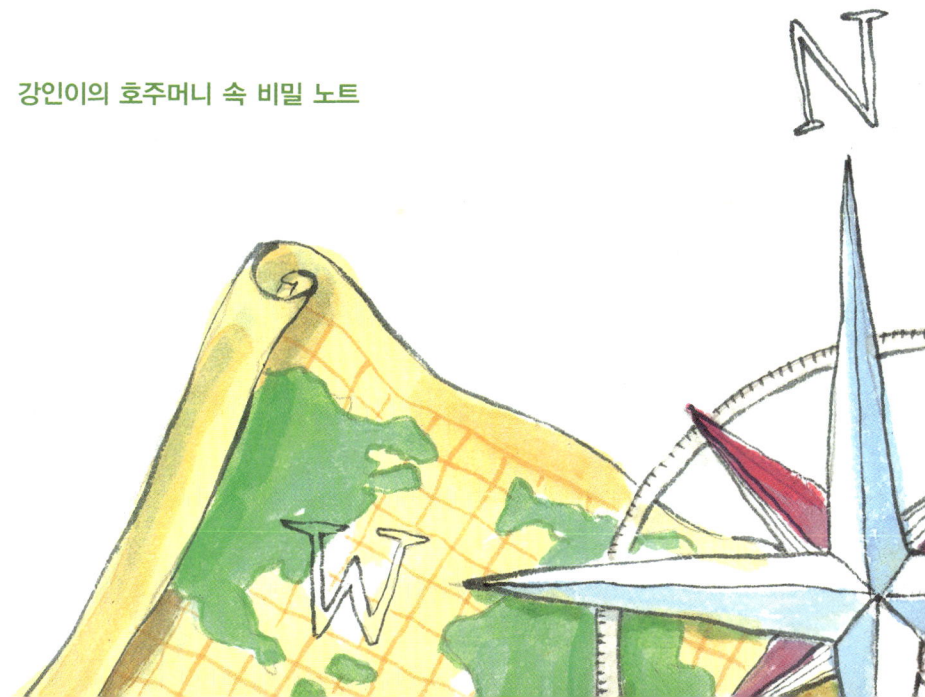

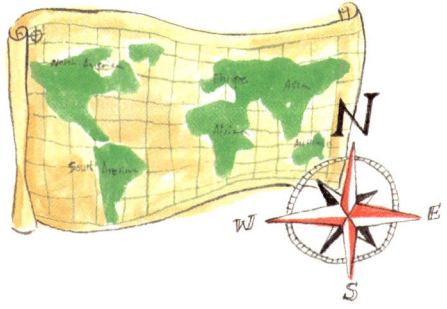

우리는 지리 탐사대!

"야, 나강인! 지금 오면 어떡해. 늦었단 말이야!"

무름이와 범수가 공항버스에서 내리는 나를 향해 다짜고짜 소리를 질러 댔다. 그 소리가 얼마나 큰지 지나가던 사람들이 우리를 흘끔흘끔 쳐다보았다. 나는 너무 무안해서 얼굴이 화끈거렸다.

"미안……. 내가 좀 늦었지?"

"사과는 이따 하고 빨리 뛰기나 해."

성격 급한 무름이가 그새 참지 못하고 내 가방을 얼른 낚아채며 팔목을 잡아끌었다.

"이러다가 우리, 비행기 못 타는 거 아냐?"

범수도 투덜댔다.

우리는 전력 질주를 시작했다. 그리고 간신히 탑승 게이트에 도착해 뉴욕행 비행기를 탈 수 있었다. 허겁지겁 좌석에 앉자마자, 기다렸다는 듯이 비행기 문이 닫혔다.

"휴우! 다행이다."

나는 손등으로 이마의 땀을 닦으며 안도했다.

"나강인! 제발 좀 빨리빨리 움직여라. 너하고 다니다가 속 터져 죽겠어."

무름이는 어찌나 화가 크게 났는지 황소처럼 콧김을 씩씩 내뿜으며 나를 흘겨보았다. 나는 무안해서 짐을 정리하는 척하며 무름이의 시선을 얼른 피했다.

어쨌든 아슬아슬하게 비행기에 탔으니, 우리 셋이 왜 뉴욕으로 가는지 그 얘기부터 하고 넘어가야겠다.

세계 지리에 관심이 많은 김범수, 한무름, 그리고 나 나강인은 몇 주 전에 한 신문사에서 주최하는 '세계 지리 탐사 대원 선발 대회'에 응모했었다. 신문에 실렸던 공개 모집 기사를 못 본 분들을 위해 잠깐 그 내용을 소개하겠다.

우리는 세계 지리의 특징에 대해 조사하여 갖가지 기발한 아이디어로 보고서를 만들어 참가했다. 이상 기후는 왜 일어나는지, 세계 여러 나라의 지형은 어떻게 생겼는지, 계절풍은 왜 불어오는지 등에 대해 만화, 뉴스, 콩트 형식 같은 다양한 방법을 동원해서 정리했던 것이다.

 생각지도 않게 우리가 1등으로 뽑혔다는 소식을 듣고, 나는 세상을 다 얻은 것 같았다. 세계의 지리 박물관을 모두 둘러볼 수 있다니, 꿈인지 생시인지 너무 기뻤다. 그것도 공짜로 말이다. 하지만 김범수, 한무릎과 함께 가야 한다는 게 조금 마음에 걸렸다.
 범수는 지리에 대해 척척박사다. 하지만 워낙 잘난 체를 잘해서 함께 여행하기에는 피곤한 친구다. 무릎이는 또 어떤가. 일이 제 뜻대로 조금이라도 안 풀리면 짜증부터 내는 성격이다. 게다가 궁금한 게 있으면 궁금증이 다 풀릴 때까지 끊임없이 질문을

던지는 집요한 친구이다. 뭐, 그렇다고 해서 이 여행을 포기할 수는 없는 법! 아무튼 우리는 팀 이름을 '지리 탐사대'라고 붙이고 여행을 떠나기로 결정했다. 지리 탐사대의 첫 번째 목적지는 바로 뉴욕의 지리 박물관이었다.

"참! 너희도 아는지 모르겠다."

비행기가 이륙하고 얼마나 지났을까? 범수가 거드름을 피우며 입을 열었다. 드디어 잘난 척하는 병이 도졌나 보다.

"뭘?"

무름이가 눈을 동그랗게 뜨고 범수 쪽으로 고개를 돌렸다.

"뉴욕은 우리나라와 시차가 꽤 나는 곳이라는 거 말이야. 그러니 아무 때나 서울에 전화하면 안 돼. 뉴욕이 낮일 때 서울은 한밤중일 수 있거든."

"쳇! 난 또 뭐라고. 요즘 시차도 모르는 사람이 있냐? 그 정도는 유치원 애들도 다 알아. 하여튼 잘난 척은……."

나는 콧방귀를 뀌며 범수의 말을 무시했다. 범수가 나보다 지리(地理)에 대해 많이 안다는 것은 인정하지만, 범수에게만큼은

지고 싶지 않았다.

　지루한 몇 시간이 지날 때쯤 스피커를 통해 기장 아저씨의 목소리가 들려왔다.

　"승객 여러분! 안녕하십니까, 기장입니다. 지금 저희 비행기는 날짜 변경선 위를 지나고 있습니다."

　"얘들아, 너희들도 들었지?"

　범수가 세계 지도를 들여다보며 말했다.

　"뭘?"

　그러자 무름이가 범수 쪽으로 얼굴을 바짝 들이대며 물었다.

　"지금 이 비행기가 날짜 변경선 위를 지나가고 있다잖아."

　"그래? 어디 나도 좀 볼까?"

　그리고는 무름이는 창밖을 내다보며 한참 동안 뭔가를 유심히 살피는 것이었다.

　"이상하다. 구름 한 점 없이 맑은데도 내 눈엔 안 보이는데?"

　"한무름! 지금 뭘 찾는 거냐?"

　내가 어이없어 물었다.

"뭐긴. 날짜 변경선이지. 벌써 지나왔나? 왜 안 보이는 거지?"

범수와 나는 어이가 없어서 배꼽이 빠져라 한참을 깔깔댔다.

"설마 바다나 하늘에 진짜로 선이 그어져 있다고 생각하는 거야? 아니지?"

범수가 너무 웃어서 눈물까지 글썽이며 묻자, 무릎이는 새침한 표정으로 팔짱을 낀 채 범수를 노려보았다.

"무릎아, 너 정말 걱정된다. 이런 네가 지리 탐사 대원이라니! 나 원 참. 날짜 변경선은 진짜 그어져 있는 선이 아냐. 가상의 선일 뿐이라고. 지구의 경도와 위도처럼 말이야. 이 바보야!"

범수는 세계 지도를 접으며 혀를 끌끌 찼다. 그러자 무릎이의 얼굴이 심하게 일그러졌다. 하긴, 궁금한 게 있으면 체면이고 뭐고 따지지 않고 물어보는 무릎이었지만, 바보라는 말을 듣고 기분이 좋을 리 없지.

"무릎아! 너 위도와 경도는 아냐?"

"……"

범수는 무릎이를 빤히 쳐다보다가 나에게 '넌 알지?' 라는 눈빛을 보내왔다. 순간 나는 당황했다. 솔직히 나도 몰랐지만 자존심 때문에 모른다고는 못 하고 얼른 고개를 끄덕이며 아는 척했다.

"위도는 적도를 중심으로 삼아 남북으로 평행하게 그은 선이고, 경도는 북극과 남극을 이은 선이잖아."

범수의 설명이 계속될수록 무릎이의 입은 점점 더 튀어나왔다.

그것을 아는지 모르는지 범수는 싹 무시하고 계속 잘난 체했다.

"경도는 영국의 그리니치 천문대를 본초자오선으로 잡고, 그걸 기준선으로 삼았어. 참, 본초자오선이 뭔지 모를 수도 있겠다. 본초자오선은 지구의 경도를 결정하는 데 기준이 되는 선이야. 지구가 360도 한 바퀴를 도는 데 24시간이 걸리니까, 한 시간에 15도를 이동하는 셈이지."

"야, 김범수! 난 그렇게 어렵게 설명하는 거, 딱 질색인 거 몰라? 좀 쉽게 설명해 주면 안 되냐?"

참다못한 무름이가 폭발했다.

"아, 알았어. 알았다니까. 그나저나 욱하는 성질 좀 고쳐라. 잘 들어. 쉽게 말해서 날짜 변경선이 없으면 동쪽으로 15도씩 이동할 때마다 한 시간씩 빨라져. 그렇게 되면 동쪽으로 이동해서 다시 제자리에 돌아왔을 때 하루가 늘어나 있어야 하지? 그렇게 되면 결국 같은 지역이 두 개의 시간대를 갖게 되고 말아. 하지만 경도 180도선에 날짜 변경선을 배치해 두면, 그 선을 지날 때 날짜가 바뀌면서 이런 현상을 막을 수 있어."

범수는 배낭에서 노트를 꺼내서 세계 지도까지 그려 가며 설명했다.

"어? 그런데 날짜 변경선은 직선이 아니네? 삐뚤삐뚤 그어져 있는걸?"

범수가 그린 세계 지도를 뚫어져라 쳐다보던 무름이가 다시 질문했다. 범수는 그런 무름이를 보며 빙그레 웃었다.

"네가 그걸 궁금해할 줄 알았어. 잘 들어 봐. 날짜 변경선은 경도 180도 선을 따라 그어져 있어. 그런데 여길 자세히 보면 알래스카 부근, 알류산 열도 부근, 오세아니아 부근에서 날짜 변경선이 삐뚤빼뚤하게 그어져 있지? 이유는 간단해. 날짜 변경선이 직선이면 한 나라를 가로지르게 돼. 그러면 날짜 때문에 복잡한 문제가 생기게 되거든. 예를 들어 날짜 변경선이 우리나라 위를 지난다고 생각해 봐. 그렇게 되면 우리 집은 12월 31일인데, 옆집은 1월 1일 새해를 맞는 황당한 일이 생길 수 있는 거지. 그런 일을 피하기 위해 날짜 변경선을 삐뚤빼뚤하게 그어 놓은 거야. 또 태평양에는 여러 섬들로 이루어진 나라들이 많아. 이 섬들을 서로 다른 날짜로 나누어 놓지 않기 위해서이기도 하지. 어때? 이제 왜 날짜 변경선이 필요한지 알겠지?"

내가 제일 싫어하는 게 바로 저 잘난 범수의 표정이다. 날짜 변경선에 대해 좀 안다고 목에 힘을 주며 으스대는 꼴이라니!

"범수야, 강인아. 이 시계 좀 봐."

피곤했는지 깜박 잠들었나 보다. 호들갑을 떨며 날 부르는 무름이의 목소리에 눈을 떴다.

"음……. 뭐야, 무슨 일인데?"

우리는 졸린 눈을 반쯤 뜨고 무름이를 바라보았다.

무릎이는 앞 좌석의 등받이에 달려 있는 모니터를 손가락으로 가리키고 있었다.

"이 모니터에 나와 있는 현지 날짜를 좀 봐. 7월 18일 수요일이 아니라 7월 17일 화요일이야! 시간이 거꾸로 가고 있다고!"

"와, 정말 신기하다."

나도 무릎이의 말에 맞장구를 쳤다. 비행기가 타임머신도 아닌데 시간이 늘어나다니 너무 신기했다. 하지만 범수는 시큰둥한 반응을 보였다.

"나 참, 너희들 정말 왜 그래? 몇 번을 설명해야 이해하겠냐? 날짜 변경선을 지나와서 그렇다니까. 동쪽으로 갈수록 시간은 점점 늘어나는 거야. 제발 쓸데없는 소리 좀 하지 말고 잠이나 자자."

범수의 말을 듣고 보니 그제야 이해가 갔다. 나는 재빨리 표정을 싹 바꾸고는 무릎이에게 그렇게 이해가 안 되냐며 면박을 주었다. 무릎이에게는 좀 미안했지만, 내가 범수보다 지리에 대해 아는 게 없다는 사실은 들키고 싶지 않았다.

"범수 말이 맞아. 이게 신기하기는 뭐가 신기해? 원래 동쪽으로 갈수록 시간은 점점 늘어나는 거잖아. 서쪽으로 갈수록 시간은 줄어드는 거고. 무름아, 너 책 좀 봐라."

무릎이는 우리들의 핀잔에 무안했는지 얼굴을 붉혔다.

얼마나 시간이 지났을까? 안내 방송 때문에 잠에서 깬 우리들은 늘어지게 기지개를 켰다.

"승객 여러분, 기장입니다. 이 비행기는 약 30분 뒤에 뉴욕 JFK 공항에 도착합니다. 지금 뉴욕의 기온은 서울보다 약 3도 낮은 섭씨 24도, 화씨 77도입니다. 뉴욕 시간은 현재 서머타임이 적용돼 7월 18일 낮 12시 10분입니다……."

비행기를 타고 14시간이나 날아왔는데, 겨우 한 시간밖에 지나지 않았다니 타임머신을 타고 온 것 같은 기분이 들었다. 범수가 비웃을까 봐 내색은 안 했지만 이 모든 게 정말 신기했다.

창밖을 내다보니 거대한 대륙이 손에 잡힐 듯 가깝게 다가왔다. 내 가슴은 빠르게 뛰기 시작했다.

다시 살아난 베게너 박사님

미국에 도착한 다음 날, 우리는 늦잠을 잔 뒤, 점심을 먹고 지리 박물관을 찾아가는 것으로 첫 탐사를 시작했다.

"야호! 드디어 우리의 탐사가 시작되는구나."

우리 셋은 앞으로 펼쳐질 일들을 상상하며 즐거워했다. 그런데 지하철에서 내려 지리 박물관으로 가는 길에 들어서자, 기다렸다는 듯이 하늘이 갑자기 우중충해지더니 빗방울이 떨어지기 시작했다.

"갑자기 웬 비야? 아, 짜증나!"

무름이는 하늘을 흘겨보고는 가방을 머리에 올리고 종종걸음을 치기 시작했다.

범수와 나는 급하게 뛰어가는 무름이를 쫓아갔다.

희한하게도 지리 박물관이 자리해 있는 하늘 위에는 먹구름이 잔뜩 끼어 있었다. 공포영화에서나 봄 직한 어두운 하늘이었다.

"분명 비가 올 날씨는 아니었는데……."
범수가 젖은 옷을 손으로 툭툭 털어 내며 고개를 갸웃거렸다.
"그러게. 요즘은 날씨를 종잡을 수 없다니까."

우리는 박물관 입구 계단에 서서 투덜거리며 젖은 머리를 손으로 털어 냈다.

박물관 입구에는 굳은 표정을 짓고 있는 경비원 두 명이 꼼짝하지 않고 서 있었다. 왠지 친절과는 거리가 멀어 보였다. 우리가 티켓을 내밀자 경비원들은 티켓을 꼼꼼하게 살피고 '너희들, 박물관 안에서 사고 치면 가만 안 둔다.'라는 경고의 눈빛을 보내며 티켓을 돌려주었다.

"강인아, 경비원들 표정 봤니?"

무름이가 귓속말로 속삭였다.

"응. 눈빛이 예사롭지 않던데."

박물관 안으로 들어서자 1층 로비에는 노랑 깃발을 들고 있는 안내원이 단체 관람객들을 이끌고 다니며 설명하고 있었다.

"지리 박물관을 찾아 주신 관광객 여러분, 환영합니다. 지리 박물관은 책 속에 갇혀 있는 지리를 생생하게 되살려, 많은 사람들이 지리 분야에 대해 즐겁게 다가갈 수 있도록 하기 위해 세워진 박물관입니다."

우리는 슬쩍 단체 관광객들 틈에 껴서 안내원의 설명을 엿들었다.

"박물관 1층에는 고지도 전시실이 있고, 2층에서는 다양한 지구본을 보실 수 있습니다. 그리고 3층은 시청각 상영실입니다. 지금 시청각 상영실에서는 〈땅속의 세상〉이라는 영상물이 상영

되고 있습니다. 그것을 보시면 우리가 살고 있는 지구의 지형과 지질에 대해 쉽게 아실 수 있을 겁니다."

"얘들아, 일단 1층부터 둘러보자."

무름이가 우리의 팔을 잡아끌었다.

1층에는 세계 여러 나라에서 수집한 옛날 지도들이 전시되어 있었다.

"이건 기원전 700년에 바빌로니아 인들이 만든 점토판 세계 지도야. 그리고 이 지도는 150년에 만들어진 프톨레마이오스의 세계 지도지. 어때? 지금 지도하고는 좀 다르지?"

"우아! 이제 보니 강인이 너, 지도에 대해 모르는 게 없구나. 다시 봐야겠는걸."

내가 고지도에 대해 아는 체하자, 무름이의 눈이 커졌다.

"지리 탐사대라면 이 정도는 기본이지."

전시장에 들어서자마자 재빨리 전시물 옆에 붙어 있는 안내문을 읽어 둔 게 큰 도움이 되었다. 양심에 좀 찔렸지만 범수보다 못하다는 소리는 듣긴 싫었으니까.

그런데 전시실 중앙에 놓여 있는 지구본을 손가락으로 빙빙 돌려가며 세계 지리를 살펴보고 있을 때였다. 범수가 전시실 뒷문에서 나와 무름이를 손짓하며 부르는 것이었다. 나는 범수가 무슨 꿍꿍이가 있다고 생각했다.

우리가 다가서자, 범수는 우리를 복도 끝으로 재빨리 이끌었다.

"왜 그래?"

"쉿! 조용히 하고 저기 좀 봐."

무름이가 짜증을 내자, 범수가 무름이의 입을 손으로 막으며 말했다.

범수가 가리킨 곳에는 굳게 닫힌 철문이 있었고, 문 앞에는 출입금지 구역을 알리는 'DO NOT ENTER' 표지판이 붙어 있었다.

"들어가면 안 되는 곳이잖아. 근데 왜?"

내가 따지듯 물었다.

"자세히 보란 말이야."

범수의 말에 다시 찬찬히 살펴보니 문이 살짝 열려 있었다. 문틈 사이로 희미한 어둠이 방 안에 들어차 있는 게 보였다. 평일 늦은 오후라서 박물관에는 관람객들이 많지 않았다.

"저 안에 뭐가 있을까?"

범수가 비밀스럽게 속삭였다.

"글쎄……. 다음 전시에 필요한 준비물 같은 걸 놔두지 않았을까?"

그러자 범수는 무름이에게 눈길을 돌리며 말했다.

"무름아, 우리 한 번 들어가 보지 않을래?"

"김범수! 왜 쓸데없는 짓을 하려고 그래? 싫어, 난 돌아갈래."

겁이 난 나는 뒷걸음질을 쳤다.

"범수야, 난 들어가 보고 싶어. 한 번 가 보자."

하지만 무름이는 눈빛을 반짝이며 고개를 끄덕였다.

무슨 일이든 일단 저지르고 보는 무름이는 범수의 꼬임에 넘어가 어느새 수상한 방 입구 쪽으로 걸음을 옮기고 있었다.

'이렇게 되면 나만 겁쟁이가 되는 거잖아. 나도 자존심이 있지, 혼자 도망칠 순 없어.'

나는 주먹을 꽉 쥐고 재빨리 앞서 나갔다.

"야야, 너희들만 뭔 일을 한다고 그래. 저리 비켜 봐. 내가 앞장설게."

방 안은 어두컴컴했다. 띄엄띄엄 세워져 있는 스탠드 전등에서 옅은 불빛이 새어 나와 우리를 어디론가 조심스럽게 안내하는 것 같았다. 하지만 걸음을 옮길수록 자꾸 불안한 기분이 들어, 나는 잠시 걸음을 멈추고 뒤를 돌아보았다.

"봐! 별 거 없지? 이제 그만 나가자!"

나는 떨고 있다는 걸 들키지 않으려고 어금니를 꽉 깨물며 친구들을 재촉했다.

그때 무름이가 내 어깨를 툭 치며 오른쪽 귀퉁이를 가리키는 것이었다.

"저기 봐. 저 방에도 출입 금지 표시가 있어."

방 안쪽으로 또 다른 방이 이어져 있었는데, 그 문 앞에도 커다랗게 출입 금지 표시가 있었다.

"애들아, 들어가지 말라는 데는 그만한 이유가 있는 게 아닐까? 무서워서 이러는 게 아니야. 내 말은 그러니까…… 법을 지키며 살자는 거지! 아까 박물관 들어올 때 경비원들 표정 봤지?"

"끼이익……."

하지만 무름이는 내 말에 아랑곳하지 않고 문을 살며시 열고 말았다. 문틈 사이로 제법 환한 빛이 새어 나오고 있었다.

"저게 뭐지?"

범수가 손가락으로 가리킨 곳에 직사각형 모양의 커다란 물체가 서 있었다. 조심스레 다가가 살펴보니 공상 과학 영화에서나 볼 수 있는 캡슐이었다.

"쳇, 뭐야? 비어 있잖아! 난 미라라도 들어 있는 줄 알았지."

무름이가 캡슐 안을 살피다가 실망한 목소리로 말했다.

그때였다.

"으악! 엄마야!"

등 뒤에서 범수의 비명이 들렸다. 범수는 겁에 잔뜩 질린 표정으로 캡슐 옆에 있는 침대를 가리키고 있었다. 침대 위에는 뭔가가 냉동된 채 놓여 있었다.

"뭐야! 얼음이잖아."

내가 별것 아니라는 듯 말했다.

"그, 그냥 어, 얼음이 아니야."

범수가 새파래진 얼굴로 말까지 더듬었다.

나는 그런 범수를 이상한 눈길로 보다가 고개를 갸웃거리며 얼음을 찬찬히 살펴보았다.

"사, 사, 사람이야!"

나는 벌에 쏘인 사람처럼 펄쩍 뛰었다.

"사, 사, 살아 있는 건 아니겠지? 얼음이 점점 녹고 있는데……."

범수의 목소리는 공포감으로 가득 차 있었다. 얼음은 거의 다 녹아서 물이 아래로 뚝뚝 떨어지고 있었고, 얼음 두께는 종이 한 장 정도로 얇아져 있었다.

나는 겁쟁이처럼 보이지 않으려고 한 발 한 발 침대 쪽으로 다가갔다. 손이 덜덜 떨리는 게 느껴졌지만 꾹 참았다. 침대에 누워 있는 사람은 우리 아빠보다 나이가 훨씬 더 많아 보이는 아저씨였다.

"강인아! 이것 좀 봐. 여기에 알프레드 로타이 베게너라고 적혀 있어. 1930년 11월, 그린란드에서 실종……."

무름이가 캡슐에 적혀 있는 글을 또박또박 읽어 내려갔다.

"뭐? 베게너 박사? 그럼 이 냉동 인간이 베게너 박사님이란 거야? 그린란드를 탐사하던 중에 실종됐던?"

범수는 베게너 박사님에 대해 잘 아는 것처럼 호들갑을 떨었다. 그렇다면 나도 질 수 없지.

"아, 그 베게너 박사님!"

"어? 너도 박사님을 잘 아는 모양이네. 강인아, 베게너 박사님이 누구냐?"

무름이가 내 얼굴 가까이 얼굴을 바짝 들이대며 물었다. 하지만 나는 무름이의 질문을 못 들은 척했다.

"베게너 박사님이 누구냐니까?"

역시나 무름이는 쉽게 물러나지 않았다.

'이 위기를 어떻게 넘긴담!'

그때 마침 침대 옆에 베게너 박사님에 대한 글이 적혀 있는 게 내 눈에 띄었다. 하늘이 나를 돕는 게 틀림없었다.

"음…… 베게너 박사님은 유명한 지리학자이자 탐험가였어. 2억 년 전 지구는 '판게아'라고 하는 하나의 땅으로 붙어 있었다고 주장했던 사람이야. 박사님은 대부분의 지리학자들처럼 연구실 책상에 앉아 연구한 게 아니라, 직접 전 세계를 탐사하면서 연구했지."

나는 잠시 말을 멈추고 잔기침을 서너 번 한 뒤 다시 말을 이었다.

"한마디로 베게너 박사님은 괴짜 지리학자였어. 그러던 어느 날, 그린란드를 탐험하다 실종되고 말았지."

"그, 그러니까 저 냉동 시체가 그린란드에서 얼어 죽은 베게너 박사님이라는 거야?"

무름이의 목소리도 떨리고 있었다. '시체'라는 말에 범수도 약간 긴장한 표정이었다.

　나는 당장이라도 비명을 지르며 밖으로 뛰쳐나가고 싶었다. 예전에 봤던 공포영화에서 시체가 벌떡 일어나서 주인공들을 깜짝 놀라게 하는 장면이 눈앞에서 아른거렸다. 하지만 자존심이 있지. 내가 어떻게 먼저 도망쳐? 나는 최대한 태연한 표정을 지으면서 누군가가 먼저 밖으로 나가자는 말을 해 주기를 간절히 기다렸다.

　"얘들아……, 이제 그만 여기서 나갈까?"

　내 기도에 응답을 해 준 친구는 무름이었다.

　"그래, 나가는 게 좋겠어. 아무래도 들어오지 말아야 할 데를 들어온 거 같아."

　범수도 무름이의 의견에 찬성했다. 나는 속으로 크게 안도의 숨을 내쉬었다. 하지만 끝까지 용감한 척하는 걸 잊지 않았다.

　"왜 점점 흥미로워지는데 벌써 나가려고?"

　바로 그때였다.

　"으…… 읍, 컥컥 컥컥컥!"

　뒤를 돌아본 나는 소름 끼치는 광경에 숨이 턱 막혔다. 냉동 시체가 기침을 하며 몸을 일으키는 게 아닌가?

　'이, 이건 꿈이야. 정신 차리자, 나강인! 호랑이한테 물려 가도 정신만 차리면 산다고 하잖아!'

　나는 숨을 크게 들이마셨다.

범수와 무름이는 얼음처럼 그 자리에서 꼼짝도 하지 않았다. 내 마음은 '얼른 이 방을 빠져나가!'라고 소리치고 있었다. 하지만 한 발자국도 움직일 수가 없었다. 그건 범수와 무름이도 마찬가지였다.

그때 냉동 인간이 몸을 움직이며 말을 하는 것이었다.

"헉헉헉! 아이고, 숨차. 무, 물 좀……."

그제야 나는 다리의 힘이 풀렸는지 바닥에 털썩 주저앉고 말았다.

'내가 겁쟁이 범수보다 못해서야……. 어서 일어나야 하는데!'

나는 이를 악물고 일어나려고 애를 썼지만 이미 다리에 힘이 풀려 버려 내 마음대로 되지 않았다.

"컥컥, 이 망할 놈의 기침! 컥컥컥. 미안하지만 네가 물 좀 갖다 줘야겠다. 목이 바짝 말라서 기침이 나오는 거 같으니 말이다."

냉동 인간이 무름이를 손가락으로 가리키며 말했다.

무름이는 뭔가에 홀린 듯 천천히 배낭을 바닥에 내려놓고 물병을 꺼내고 있었다. 무름이가 침을 꼴깍 삼키는 소리가 내 귀에 선명하게 들렸다.

무름이가 물을 건네자 냉동 인간는 물병을 단숨에 비워 버리고는 아주 흡족한 표정을 지었다.

"휴……. 이제 좀 살겠다. 근데 너희들은 누구냐? 여기는 또

"어디고?"

 냉동 인간은 침대에서 내려와 천천히 두 발로 섰다. 다리에 힘이 없는지 몇 번 휘청거렸다.

 "아, 말 안 해도 알겠어. 병원이로구나. 다행히 그린란드의 눈 폭풍에서 구출됐던 게로구나. 그렇지?"

 우리는 눈만 멀뚱멀뚱 뜬 채 베게너 박사님을 바라보았다.

"이러고 있을 때가 아니야. 병원에 묶여서 단 일 초도 시간을 낭비하면 안 되지."

그 순간 내 앞에 서 있는 이 사람이 바로 78년 전에 실종됐던 진짜 베게너 박사님일지도 모른다는 생각이 번쩍 들었다.

"너희들, 혹시 내 배낭 못 봤니?"

베게너 박사님은 눈빛을 빛내며 분주하게 방 안을 오가며 뭔가를 찾기 시작했다.

"어디다 뒀지? 그게 있어야 하는데……."

그때였다.

"얘들아, 어서 도망치자."

범수가 우리 쪽으로 고개를 돌려 나지막이 말했다. 범수의 목소리는 잔뜩 겁에 질려 있었다. 나 역시 '그래! 빨리 도망치자.'라는 말이 목구멍까지 치밀어 올랐지만 내뱉지 못했다.

"버, 범수야! 왜 이렇게 겁이 많냐? 이제 와서 그냥 도망치자는 거야?"

나는 마른침을 꿀꺽 삼켰다.

"뭐? 너도 겁먹은 거 같은데? 이것 봐. 떨고 있잖아?"

"떠, 떨어? 누가? 내가? 네 눈엔 내가 무서워서 떠는 걸로 보이냐? 추, 추워서 그러는 거야."

범수와 내가 아옹다옹 다투고 있는 사이에, 무름이가 용기를 내어 박사님에게 다가갔다.

"저, 아저씨가 정말 대륙 이동설을 주장했던 그 유명한 알프레드 베게너 박사님이 맞나요?"

나와 범수는 고개를 휙 돌려서 무름이를 쳐다보았다.

"그래! 그런데 그게 뭐 어떻다는 거냐? 너희도 혹시 다른 사람들처럼 쓰레기 같은 이론이라고 날 비난할 생각이냐? 그렇다면 관둬라!"

베게너 박사님과 무름이가 말을 주고받는 동안, 나는 얼마 전 읽었던 과학 잡지의 기사가 떠올랐다. 여름을 맞아 미스터리 특

집으로 기획된 기사였는데, 냉동 인간의 부활에 대해 다루고 있었다. 최근에 독일의 한 연구팀이 무려 153년 전에 북극을 탐험하다 죽은 사람을 되살렸다고 주장했던 것이었다. 그리고 미국에서는 수많은 사람들이 다시 살아날 것을 기약하며 냉동된 채 보존되어 있다고도 적혀 있었다. 그때 나는 정말 얼토당토않은 얘기라고 무시했다. 그런데 지금은 그 기사가 모두 사실일 수도 있겠다는 생각이 들었다.

"으하하핫! 드디어 찾았다!"

배낭을 찾은 베게너 박사님은 한참 동안이나 아주 호탕하게 웃어 댔다.

"흠흠. 저, 박사님! 혹시 지금이 2009년이라는 사실을 알고 계신가요?"

무름이가 용기를 내서 물었지만, 박사님은 그 말의 뜻을 얼른 알아채지 못했다.

"박사님은 1930년에 그린란드에서 실종되셨고, 그 다음 해에 얼음 속에 꽁꽁 언 채로 발견되셨어요. 그리고 음, 그리고 그 후에 어떻게 됐는지는 잘 모르지만 80년 가까이 겨울잠을 주무시다가 오늘 다시 깨어나신 거예요."

"뭐라고? 그게 무슨 똥딴지같은 소리냐?"

"여길 보세요. 달력에 2009년이라고 적혀 있는 게 보이시죠?"

내가 벽에 걸려 있는 달력을 가리키며 두 사람 대화에 끼어들었다.

"박사님은 이곳에서 냉동 상태로 보관되어 계셨던 것 같아요."

무름이가 아주 조심스럽게 설명했다. 하지만 베게너 박사님의 반응은 우리가 예상한 대로였다.

"이 녀석들! 어른을 놀리면 못써!"

"정말이에요."

무름이가 울상을 지었다.

"맞아요. 무름이가 말한 게 모두 사실이에요. 박사님이 주장하셨던 대륙 이동설도 이젠 과학계에서는 정설로 받아들이고 있다고요."

범수가 무름이의 말을 거들었다.

베게너 박사님은 '대륙 이동설'이라는 말에 잠시 멈칫했다.

"뭐? 대륙 이동설이 과학계에서 정설로 받아들여졌다고?"

박사님은 잠시 멍한 표정으로 깊은 생각에 잠기는 듯했다. 그러더니 방 안 구석구석을 살피며 뭔가를 확인하기 시작했다.

"오! 맙소사! 이게 뭐지? 내가 냉동됐었다고? 믿어지지 않아. 어떻게 이런 엄청난 일이!"

박사님은 두 손으로 머리를 감싸 쥐고 혼잣말을 하며 왔다 갔다 했다.

"그렇다면 신비의 돌과 마법의 지도는?"

박사님은 갑자기 딱 멈춰서서 우리에게 물었다. 그러고는 알

수 없는 말을 하며 빠른 손놀림으로 가방을 열고 뒤집어서 안에 있던 물건들을 바닥에 쏟아냈다. 지구본, 망원경, 나침반, 노트와 펜 등 잡다한 물건들이 바닥에 어지럽게 흩어졌다. 그중에서 이상하게 생긴 돌 6개와 둘둘 말린 기다란 지도 두루마리 하나가 눈에 들어왔다.

"그래! 이거야!"

박사님은 눈빛을 빛내며 재빨리 지도를 풀어서 펼쳤다.

"박사님, 그건 무슨 지도예요?"

나는 박사님 옆으로 다가가 낡은 지도를 들여다보았다.

"음……. 너희들은 믿기 힘들겠지만 이건 마법의 지도란다."

"마법의 지도요? 에이, 세상에 그런 게 어디 있어요?"

우리는 어이가 없어서 피식 웃었다. 하지만 박사님은 아랑곳하지 않고 이상하게 생긴 돌 6개를 지도 위에 올려놓으며 믿기 힘든 말을 늘어놓았다.

"이건 신비의 돌들이다. 이 돌들을 제자리에 갖다 놓으면 지구의 환경 파괴를 막을 수 있단다."

"시, 신비의 돌이요?"

나는 호기심이 생겨 조심스럽게 돌들을 어루만졌다. 하지만 보통 돌과 별다른 점은 없어 보였다.

박사님은 내 얼굴에 실망스런 기색이 스치는 것을 보고 입을 열었다.

"이 돌들은 지구를 지키는 돌이야. 그런데 80년 전, 무슨 이유에서인지 이 신비의 돌들이 엉뚱한 곳으로 흩어져 버렸지. 이 돌들은 제자리에 놓여 있을 때 큰 힘을 발휘해. 나는 그 사실을 알고 신비의 돌들을 제자리에 갖다 놓기 위해 탐험을 떠났었단다."

"그럼 박사님이 그린란드로 갔던 것도 신비의 돌을 그곳에 갖다 두기 위해서였어요?"

무름이가 흥미로워 하며 물었다.

"그렇단다. 그린란드에 있어야 할 돌은 내가 제자리에 돌려놓았단다. 하지만 거기서 그만 사고를 당하는 바람에……. 나머지 6개 신비의 돌들은 아직 이 가방에 그대로 있었던 거야."

베게너 박사님은 신비의 돌들을 들고 울상을 지었다.

그때 무름이가 다급하게 말했다.

"애들아, 이제 5분도 채 남지 않았어."

"뭐가?"

범수와 내가 화들짝 놀라 물었다.

"5분 뒤면 박물관 문이 닫힐 거야!"

무릎이가 손목시계를 가리키며 소리쳤다.

"뭐야?"

가장 놀란 사람은 베게너 박사님이었다. 박사님은 바닥에 떨어진 물건들을 다시 가방 안에 쓸어 담았다.

"어서 가자!"

박사님이 앞장서며 소리쳤다.

"어디로요?"

우리는 어리둥절해 했다.

"어디로든 우선 여길 빨리 나가야 해!"

베게너 박사님과 우리는 황급히 방을 빠져나갔다. 복도에 있던 관람객들은 거의 보이지 않았다. 방에서 무사히 탈출하긴 했지만 어디로 가야 할지 모르는 박사님은 주위를

두리번거렸다.

"저를 따라오세요."

범수가 베게너 박사님을 이끌었다. 우리는 곧 박물관 1층 로비까지 단숨에 갔다.

경비원들이 막 문을 닫으려고 하고 있었다.

"잠깐만요!"

우리가 문을 향해 달려가자, 경비원 둘이 엄한 표정을 지으며 우리 앞을 가로막았다.

"멈춰! 너희들, 어디 있다가 이렇게 늦게 나오는 거냐?"

우리는 깜짝 놀라 걸음을 멈췄다. 뒤따라오던 베게너 박사님도 움찔했다. 이 위기를 어떻게 넘겨야 하지! 입술이 타들어 가는 것 같았다.

그때 무름이가 천연덕스럽게 둘러댔다.

"죄송해요. 신기한 전시물이 너무 많아서 정신없이 구경하다 보니 시간 가는 줄 몰랐어요. 아쉽지만 다음에 또 와야 할 거 같아요. 여긴 볼 게 무지무지 많으니까요."

그제야 경비원 둘은 수상하다는 표정으로 우리를 쭉 한 번 훑어보고는 아무 말 없이 문을 열어 주었다.

마법의 지도와 신비의 돌

"얘들아!"

잠결에 누군가가 내 어깨를 흔드는 게 느껴졌다. 문득 어제 박물관에서 있었던 일이 머릿속을 스쳐 갔다.

'꿈이었나? 꿈치고는 너무 생생한데…….'

졸린 눈을 비비며 일어나던 나는 가시를 밟은 것처럼 몸을 움찔했다.

"베, 베게너 박사님?"

박사님은 탐험가들이 입는 작업복을 차려입고 우리를 내려다보고 있었다.

"잘들 잤니?"

박사님을 보자 어제 있었던 일이 선명하게 떠올랐다. 박물관을 탈출한 뒤 우리는 곧장 숙소로 돌아왔다. 긴장이 풀린 우리는 잘 자라는 인사도 없이 각자 침대에 쓰러져 꿈나라로 빠져들었던 것이다.

"너희들, 나와 함께 탐험을 떠날 생각은 없냐?"

박사님은 아직 잠에서 덜 깬 우리에게 다짜고짜 물었다.

"탐험이라뇨?"

무름이가 눈을 비비며 물었다.

"어제 얘기했지만 이 신비의 돌들을 제자리에 갖다 놓아야 해. 지구의 환경 파괴를 멈추게 하고 싶다면 날 좀 도와주렴. 80년의 세월이 흘렀기 때문에 나 혼자서는 힘들단다. 어때, 나와 함께 지구를 구해 보지 않겠니?"

"지, 지구를 구해요?"

우리 셋은 합창을 하듯 똑같이 소리쳤다. 나는 늘 지구를 구하는 영화 속 영웅들을 존경했다. 그래서 그 영웅들처럼 지구를 구하고 싶다는 생각을 해 본 적이 있었다. 하지만 진짜 나에게 그런 기회가 올 거라는 생각은 단 한 번도 해 본 적이 없었다. 그런데 막상 기회가 주어지자 덜컥 겁이 났다. 범수와 무름이를 보자 둘다 복잡한 표정이었다. 나와 같은 생각을 하고 있는 게 틀림없었다.

우리 셋은 박사님에게 양해를 구하고 의논을 했다.

"얘들아, 박사님의 말을 믿어도 되는 걸까?"

무름이가 박사님 귀에 들리지 않게 조용히 말했다.

"글쎄, 저 분이 베게너 박사님이라는 건 믿을 수 있지만, 신비의 돌들이 지구를 구한다는 건 말이 안 되는 거 같아……."

늘 철두철미하게 앞뒤를 따지는 범수는 신비의 돌을 믿지 않는 눈치였다.

"그리고 우리는 지금 세계의 지리 박물관들을 탐사하기 위해 온 거잖아."

"야, 김범수! 정말로 저 신비의 돌들이 지구를 구한다면 어떻게 할래? 지리 박물관들을 견학하는 것보다 살아 있는 세계를 직접 경험하는 게 더 좋지 않니? 그리고 환경 파괴를 멈추게 하는

큰일을 하는 거잖아."

나는 범수의 말이 끝나자마자 곧바로 반박했다. 솔직히 나는 지구를 구하는 영웅이 되고 싶다는 생각에 사로잡혀 있었다.

회의가 길어지자 박사님은 몹시 초조해 하고 있었다.

"하루라도 빨리 신비의 돌들을 제자리에 갖다 놔야 해. 안 그러면 지구는 큰일 나. 얘들아. 너희들, 내 말을 믿지?"

"이런! 시간이 또 흘러가고 있잖아. 1분 1초가 아까워. 얘들아, 빨리 탐험을 떠날 준비를 하자꾸나. 지구를 구해야지!"

박사님은 자리에 앉았다가 일어섰다가 하며 우리가 알 수 없는 말들을 마구 쏟아 내며 안절부절못했다. 냉동 상태로 80년 동안이나 있어서인지 약간 정신이 이상해진 거 같았다. 원래 베게너 박사님은 꼼꼼하고 학구적인 분이라고 들었다. 그런데 지금 우리 앞에 있는 박사님은 아주 산만하고 앞뒤가 잘 맞지도 않는 얘기를 주저리주저리 늘어놓고 있었다.

"그 신비의 돌들을 어디로 가져가서 놓아야 하는지 어떻게 알죠?"

철두철미한 범수가 날카로운 질문을 했다. 그러자 기다렸다는 듯이 박사님은 자신 있게 낡은 지도를 꺼내 우리에게 보여 주었다.

밝은 곳에서 자세히 보니 지도는 옛날 사람들이 종이를 대신해 사용했던 짐승의 가죽으로 만들어진 것 같았다. 그렇게 둘둘 말린 가죽 안쪽에 세계 지도가 그려져 있었다.

"신비의 돌을 가진 자가 간절한 마음으로 바라면 이 마법의 지도가 신비의 돌을 어디에 갖다 둬야 하는지 알려 준단다. 내가 그린란드에서 사고를 당하기 직전에 이 마법의 지도가 미국의 그랜드캐니언에 신비의 돌을 갖다 놓으라고 알려 줬었어."

박사님의 얼굴이 아주 진지해 보였다.

"그 지도가 뭐 네비게이션이라도 된다는 거예요? 지도가 어떻게 알려 준다는 거죠?"

무름이가 어이없다는 표정으로 따지듯이 물었다.

"너희들이 이 마법의 지도와 신비의 돌들을 못 믿겠다면 이렇게 하자. 일단 마법의 지도가 일러 준 그랜드캐니언을 탐험해 보고 결정하면 어떻겠니? 그랜드캐니언에서 마법의 지도가 다음 경로를 어디로 가리키는지 함께 확인해 보자꾸나. 거기서 너희들이 신비의 돌들과 지도를 믿게 되면 나와 함께 탐험을 떠나자. 그리고 아무 일도 일어나지 않으면 너희들은 지리 박물관 견학을 계속하면 되지 않겠니?"

"그래! 우리는 지리 탐사대야. 박물관을 견학하는 것보다 진짜 살아 있는 지리를 직접 보고 싶어."

무름이는 약간 흥분한 것 같았다.

내 생각에도 박사님의 제안이 나쁘지 않은 것 같았다. 범수도 약간 들떠 있는 것 같았다. 잠시 뒤, 시큰둥한 반응을 보였던 범수는 누구보다도 더 꼼꼼하게 짐을 싸고 있었다.

"진짜 살아 있는 지리를 탐험하려면 많은 게 필요할 거야. 빠진 게 없는지 다시 한 번 살펴봐야지. 나침반, 지도, 망원경, 물통, 다용도 칼, 담요, 긴 옷, 비닐 옷, 라이터, 필기도구……."

"야, 김범수! 언제까지 짐을 싸고 있을 거야?"

성격 급한 무름이는 벌써 배낭을 짊어지고 떠날 준비를 마친 상태였다.

베게너 박사님은 더 이상 기다릴 수 없다는 듯 벌써 문을 박차고 나가고 있었다.

"박사님, 무름아. 같이 가!"

나와 범수는 헐레벌떡 베게너 박사님을 따라나섰다.

'박사님 가방 안에 있는 저 신비의 돌들을 제자리에 갖다 놓으면 정말 지구의 환경 파괴를 막을 수 있을까? 정말일까? 만약 박사님의 말이 사실이라면 이건 정말 중요한 일이야.'

나는 영화 속 영웅들처럼, 온갖 역경을 이겨내고 지구를 구한 영웅이 되어 돌아오는 상상을 하며 배낭끈을 꽉 움켜쥐었다.

가자! 그랜드캐니언으로

비행기에서 내린 우리는 그랜드캐니언으로 가기 위해 차 한 대를 빌렸다. 차에 타자 박사님은 문득 옛 생각이 나는지 이렇게 중얼거렸다.

"난 80년 전 신비의 돌들을 제자리에 갖다 놓으려고 5대양 6대주를 탐험했단다. 그때 사고를 당하지 않았다면 지구의 환경이 이렇게까지 파괴되진 않았을 텐데……."

"강인아, 너 5대양 6대주가 뭔지 아냐?"

무름이가 박사님의 귀에 안 들릴 정도로 작게 나에게 물었다. 사실 5대양 6대주라는 말은 들어 본 적이 있다. 하지만 그게 무슨 뜻인지 정확하게 기억나지 않았다. 그렇다고 사나이 자존심이 있지, 모른다고 할 순 없어서 일단 큰소리부터 쳤다.

"당연히 알지. 지리를 배울 때 제일 먼저 배우는 게 5대양 6대주잖아."

그러자 무릎이는 어서 설명해 보라는 듯 내 얼굴을 뚫어져라 바라보았다.

"나 참! 그렇게 기본적인 것도 모르냐? 그 정도는 유치원생들도 아는……."

나는 쓸데없는 말을 늘어놓으며 최대한 시간을 끌었다. 그러면서 5대양 6대주에 대한 기억을 더듬었다. 하지만 모르던 게 갑자기 생각날 리가 있나.

"야야, 너무 쉬운 거라서 설명하기도 귀찮다. 범수야! 네가 대신 설명해라."

잘난 척하기 좋아하는 범수가 이런 기회를 놓칠 리 없었다. 범수는 어깨를 으쓱하며 헛기침을 몇 번 하더니 입을 열었다.

"대양은 '넓은 바다' 라는 뜻이고, 대주는 '넓은 육지' 라는 뜻이잖아. 그러니까 5대양은 5개의 넓은 바다라는 뜻이고, 6대주는 6개의 넓은 육지라는 뜻이지."

'엥? 뭐야! 엄청 쉬운 거였잖아. 이럴 줄 알았으면 내가 말할걸.'

"그럼 5대양 6대주에는 어떤 것들이 있는데?"

무릎이는 한 번 궁금증이 생기면 그 궁금증이 풀릴 때까지 계속 물어보는 아이였다.

"태평양, 대서양, 인도양, 남극해, 북극해를 5대양이라고 해. 그리고 아시아, 아프리카, 유럽, 북아메리카, 남아메리카, 오세아니아를 6대주라고 하지. 가끔 남극을 포함해서 7대주라고 부르기도 해."

범수가 손가락으로 5대양 6대주를 하나하나 꼽아 가며 우쭐대는 모습은 정말 '밥맛!' 이었다. 흥!

창밖으로 펼쳐지는 풍경은 그랜드캐니언이 조금씩 가까워지고 있음을 알려 주고 있었다. 처음에는 사막이 끝없이 펼쳐지다가 키 작은 선인장들이 띄엄띄엄 보이기 시작했다. 잠시 뒤에는 선인장 대신 관목들이 눈에 띄었다.

"슬슬 관목들이 나타나는 걸 보니 그랜드캐니언이 얼마 남지 않은 거 같구나."

"아하함…… 박사님! 그랜드캐니언은 어떤 곳이에요?"

박사님이 운전하는 동안 자다 깨다를 반복하던 무름이가 품위라고는 눈을 씻고 찾아봐도 찾을 수 없는 자세로 입이 찢어져라 하품하며 물었다.

"어떤 곳이라니?"

"산간 지역, 해안 지역, 평야 지역……. 뭐, 그런 거 있잖아요?"

"글쎄, 그랜드캐니언은 한국에서는 볼 수 없는 특수한 협곡 지역인데……. 고원 지대에 위치하고 있어. 그중에서 굳이 고르라고 하면 보기에 따라서는 산간 지역이라고 해야 할까?"

"산간 지역이요? 그럼 다른 지역보다 땅의 높고 낮음이 심해서 높은 산과 계곡이 많겠네요? 그렇죠, 박사님?"

"그렇지."

왠일인지 무름이는 산간 지역이 어쩌고저쩌고하며 아는 체했다.

박사님은 뒤에서 누가 쫓아오기라도 하는 것처럼 부지런히 앞만 보며 운전했다.

"휴우, 그럼 사람도 별로 없겠군. 난 사람들이 북적대는 곳이 좋은데."

"왜? 산간 지역에는 사람이 안 살아?"

옆에서 무름이와 박사님의 대화를 듣던 범수가 실망한 투로 말하자 무름이가 물었다.

"사람들은 주로 평야 지역이나 해안 지역에 많이 살잖아. 산간 지역은 교통이 불편해서 평야나 분지 지역보다 사람 수가 적어. 사람 구경을 하려면 지형이 낮고 편평해서 교통이 편리한 평야 지역으로 가야 하는데, 지금 우리가 가는 지역은 산간 지역이잖아. 그러니까 당연히 사람 구경하기가 힘들지."

얼마나 시간이 지났을까? 드디어 우리는 세계 최대의 협곡, 그랜드캐니언에 도착할 수 있었다.

"으아아아아!"

계곡 전망대로 뛰어가 아래를 내려다본 우리는 비명도 감탄도 아닌 이상한 소리를 동시에 쏟아 냈다. 그랜드캐니언은 정말 대단했다. 왜 세계 최대의 협곡이라고 불리는지 알 만했다. 우리 모두는 그 엄청난 규모에 한동안 말을 잃었으니까.

"박사님, 어떻게 해서 저런 거대한 협곡이 생겨난 거죠?" 하고 묻고 싶었지만 말을 꿀꺽 삼켰다.

'범수와 무름이는 가만히 있는데 내가 먼저 질문하면 안 되지? 그럼 나만 모른다고 생각할 거 아냐?'

나는 슬쩍 무름이의 눈치를 살폈다. 보통 때라면 무름이가 그랜드캐니언 협곡에 대해 질문을 쏟아 냈을 텐데 그랜드캐니언의 웅장한 광경에 넋을 놓고 있었다. 무름이는 입을 떡 벌린 채 연신 감탄사만 연발하고 있었다.

"우와, 저 사람들 좀 봐. 개미처럼 작아 보여."

"무름아. 그랜드캐니언 협곡, 정말 대단하지?"

나는 무름이의 어깨를 툭 치며 말을 걸었다.

"응."

"근데 이 협곡이 어떻게 생겨났는지 궁금하지 않니?"

"어? 뭐라고?"

"이 협곡이 어떻게 생겼는지 궁금하지 않냐고?"

"당연히 궁금하지!"

"박사님한테 여쭤보면 자세히 말씀해 주시지 않을까?"

나는 무름이를 부추겨서 무름이가 박사님에게 질문해 주기만을 기다렸다. 오래 기다릴 필요도 없이 무름이는 곧바로 박사님에게 조르르 달려가 질문을 던졌다.

"박사님, 그랜드캐니언 협곡은 어떻게 해서 생겨난 거예요?"

나는 슬그머니 박사님에게 가까이 다가가 귀를 쫑긋 세웠다.

"음……. 그건 말이다. 음……. 이상하다. 그게 생각이 안 나네. 예전에는 알았었는데. 미안하다. 아무 생각이 안 나는구나."

우리는 어안이 벙벙했다. 역사상 가장 위대한 지리 분야의 권위자가 그랜드캐니언이 왜 생겨났는지도 모른다고?

"에이, 박사님. 장난치지 마시고, 빨리 말씀해 주세요."

무름이가 애교 섞인 목소리로 재촉했지만, 박사님은 고개를 갸웃거리며 진지하게 말했다.

"나도 내가 왜 이러는지 모르겠구나. 이상해. 통 기억이 안 나……."

80년 동안 냉동 인간으로 있다 보니, 뇌에 문제가 생긴 게 틀림없어 보였다.

'저런 박사님을 믿고 탐험을 계속해도 되는 걸까?'

갑자기 불안한 생각이 고개를 들었다.

"수억 년 전부터 이 협곡을 만드는 데 가장 큰 역할을 한 주인공이 지금도 우리 눈앞에 흐르고 있어."

이때가 기회다 싶었는지 범수가 잔뜩 거드름을 피우며 끼어들었다.

"어디?"

우리는 범수가 가리키는 곳을 바라보았다. 하지만 그곳에는 초록빛 강물이 흐르고 있을 뿐이었다.

"저 작은 콜로라도 강이 이 거대한 협곡을 만들었어. 옛날에는 이 협곡에 바위들이 가득 들어차 있었는데 오랜 세월 동안 강물이 바위들을 깎아 낸 거지."

"야, 김범수! 너 농담 많이 늘었다."

"제법 웃겼어."

무름이와 나는 피식 웃으며 범수의 말을 무시했다.

그때 베게너 박사님이 호들갑을 떨며 범수의 말에 맞장구를 쳤다.

"범수의 말을 들으니, 이제야 생각이 나는구나. 범수의 말이 맞단다! 그랜드캐니언은 저 콜로라도 강이 침식을 시켜 만들어 놓은 거대한 협곡이란다. 이렇게 강에 의해 침식되어 만들어진 지형을 침식 지형이라고 해."

"무름아, 박사님의 말을 믿어야 할까?"

"글쎄?"

무름이와 나는 정신이 오락가락하는 박사님의 말을 믿어야 할지 몰라 한참을 망설였다. 나중에 지리책을 보고서야 그때 박사님이 한 말이 사실이라는 걸 알았으니까.

"자, 이제 신비의 돌을 제자리에다 갖다 놔야겠구나."

박사님은 마법의 지도에 표시되어 있는 곳을 찾아 첫 번째 신비의 돌을 내려놓았다. 그 순간, 아주 잠깐이었지만 돌에서 번쩍하고 빛이 나타났다가 사라졌다. 믿을 수 없었지만 사실이었다. 우리는 눈을 휘둥그레 뜨고 그 장면을 지켜보았다.

"자, 이제 두 번째 신비의 돌을 마법의 지도 위에 올려놓고 간절한 마음으로 원하면, 마법의 지도가 두 번째 신비의 돌이 있어야 할 곳을 가르쳐 줄 거야."

박사님은 우리에게 마법의 지도를 건네주었다.

우리 셋은 침을 꿀꺽 삼키고 마법의 지도에 어떤 변화가 나타나는지 기다렸다. 하지만 아무리 기다려도 아무런 변화가 없었다.

"뭐야? 아무 일도 안 일어나잖아."

기다리다 지친 나는 일어나려고 했다. 그러자 범수가 내 팔을 잡아당겼다.

"강인아, 조금만 더 기다려 보자."

"그래, 성격 급한 나도 이렇게 참고 있는데 왜 그래?"

무름이도 한마디 거들었다.

우리 셋은 다시 간절한 마음으로 마법의 지도를 뚫어져라 바라보았다. 하지만 아무런 일도 일어나지 않았다.

"우리가 속은 게 분명해. 세상에 그런 지도가 어디 있어!"

내가 다시 자리를 털고 일어나려고 하자, 무름이도 입을 삐죽거리며 불만을 털어놓았다.

"강인이 말이 맞아. 신비의 돌과 마법의 지도로 지구를 구한다는 게 말이 되냐? 정신이 오락가락하는 박사님께 속은 우리가 바보지 뭐."

바로 그때였다. 마법의 지도 위에서 분명 눈부신 빛이 새어 나왔다. 그리고 잠시 뒤, 그 빛이 사라졌다.

"헉!"

우리는 너무 놀라 한꺼번에 엉덩방아를 찧었다. 나는 솔직히 박사님의 말을 반신반의했었다. 하지만 직접 보고 나니, 빨리 신비의 돌을 제자리에 갖다 놓아야겠다는 생각뿐이었다.

'신비의 돌을 모두 제자리에 갖다 놓으면 나는 지구를 구한 영웅이 되는 거야.'

무름이와 범수도 몹시 흥분해 있었다.

"우리가 박사님을 만난 건 어쩌면 운명인지도 몰라."

"맞아. 지금부터 박사님과 함께 세계를 여행하며 살아 있는 지리를 배우자."

"이젠 박사님을 믿을 거야. 신비의 돌들이 지구를 구한다면 우리는 영웅이 되는 거잖아."

누가 시키지도 않았지만 우리는 꿈에 부풀어 마음속에 있는 말을 한마디씩 했다. 그리고 동시에 박사님을 향해 물었다.

"베게너 박사님, 마법의 지도에 나타난 다음 행선지는 어디죠?"

태평양 – 전 세계 바다의 절반이 태평양에 속해요. 지구의 육지를 모두 합해도 태평양보다 작지요.

대서양 – 유럽, 아프리카와 아메리카 대륙 사이에 있는 바다예요. 수백 년 동안 유럽 사람들의 무역로와 탐험로로 이용되었답니다.

인도양 – 지구에서 세 번째로 큰 바다. 인도양의 대부분은 적도 아래쪽에 있어요. 섬들로 이루어진 나라들이 인도양에 많이 있지요.

남극해 – 남극 대륙을 둘러싼 바다예요. 남극해에는 빙산이 많아서 항해하기가 쉽지 않아요.

북극해 – 북극을 중심으로 유럽, 아시아, 북아메리카 대륙에 둘러싸인 바다. 태평양의 10분의 1 크기도 되지 않는 비교적 작은 바다랍니다.

공포의 세노테 우물

우리의 두 번째 목적지는 멕시코의 휴양 도시, 칸쿤 근처에 있는 세노테 우물이었다.

마법의 지도를 살펴본 박사님은 지그시 눈을 감으며 중얼거렸다.

"휴, 무척 길고 힘든 탐험이 될 거 같구나."

하지만 나는 칸쿤까지 가는 동안 우리가 점점 흥미로운 게임 속으로 빠져드는 것 같은 묘한 기분이 들었다.

'고대 마야인의 유적지에 있었던 신비의 돌을 갖다 놓기 위해 떠난 지리 탐사대! 하늘이 보이지 않을 정도로 빽빽하게 자라 있는 밀림 속에서 온갖 괴물들이 튀어나와 탐사대를 공격한다. 간혹 잔혹한 원주민들이 무리를 지어 공격해 오기도 한다. 베게너 박사님은 다리에 부상을 입었고, 범수와 무릎이는 겁에 질려 꼼짝도 하지 못한다. 그때 공격 게이지(gauge)가 최고조에 오른 내가 괴물들을 모두 물리친다……. 크크큭! 생각만 해도 정말 신나는 일이야.'

몇 시간 뒤 비행기는 칸쿤에 도착했다. 공항에 내린 우리는 곧바로 현지 안내인의 도움으로 자동차를 타고 세노테 우물로 달렸다. 두 시간이 넘게 도로를 달리는 동안 창밖 풍경은 거의 똑같았다. 집과 집 사이가 드문드문 떨어져 있는 촌락이 나타났다 사라지기를 반복하고 있었다.

"아, 지루해. 사람도 별로 보이지 않고 농경지뿐이네. 빨리 도시가 나타났으면 좋겠다."

차만 타면 자던 무릎이가 어쩐 일인지 한숨도 자지 않고 불평을 늘어놓고 있었다. 무릎이의 불평을 듣다못해 내가 약간 짜증을 냈다.

"무릎아, 넌 복잡한 도시가 그렇게 좋냐?"

내가 묻자 무릎이는 기다렸다는 듯이 대답했다.

"당연하지. 도시에는 높은 건물이 많고, 도로도 잘 발달되어 있고, 젊은 사람들도 많잖아. 하지만 촌락에는 할아버지, 할머니들뿐이잖아."

"그렇지만 건물들이 빼곡하게 밀집해 있어서 답답하잖아. 촌락은 탁 트여서 살기 좋은데……."

"흥! 난 그래도 도시가 좋더라."

"무름아, 너 정말 답답하다. 도시에는 인구가 계속 늘어나서 문제가 많아져 간다는 것도 모르냐?"

"무슨 문제?"

"쯧쯧, 대기 오염, 하천 오염, 쓰레기 문제, 주택 문제…… 셀 수도 없지. 우리 아빠는 주차 문제 때문에 매일 골머리를 앓고 계신다고!"

"하지만 도시에는 회사가 많아 일자리가 많고, 교육 시설이나 문화 시설이 많잖아. 게다가 지하철, 버스도 많아서 편리하고 또 맛있는 음식점이나 아이스크림 가게들도 많고……."

무름이는 지지 않고 말을 늘어놓았다.

"야, 너희들. 왜 별것도 아닌 거 가지고 싸우냐?"

우리의 목소리가 점점 높아지자 범수가 끼어들었다.

"범수야, 내 말이 맞지?"

"아냐, 내 말이 맞아. 그렇지?"

무름이와 나는 응원군을 만난 것처럼 범수에게 달려들었다.

"둘 다 똑같아. 도시든 촌락이든 장단점이 있는 거지. 어디가 좋고, 나쁘다고 할 순 없잖아."

범수는 마치 어른이라도 되는 양 우리를 타일렀다. 하여튼 얄밉다니까. 촌락이 더 살기 좋다고 말해 주면 어디가 덧나나?

우리가 티격태격하는 동안 베게너 박사님은 마법의 지도를 살피고 있었다.

"지도에 표시된 지점이 가까워지고 있는 거 같은데……."

그 말이 채 끝나기도 전에 차를 운전해 우리를 이곳으로 안내해 준 아저씨가 말했다.

"다 왔소. 당신들이 찾던 세노테가 바로 여기요."

그 우물은 우리나라 시골에서 봤던 우물과는 달라 보였다.

"으아아아~ 왠지 으스스해. 이렇게 큰 우물일 줄은 몰랐어."

무름이도 나처럼 시골에서 봤던 작은 우물을 상상했던 모양이었다.

"이곳은 물이 아주 귀하단다. 여기서 마야 문명이 크게 번성할 수 있었던 것은 이 우물 덕택이었지."

세노테 우물에 대해 잠깐 설명해 준 멕시코인 안내원 아저씨는 다른 관광객들과 함께 자주 이곳에 온다고 했다. 하지만 그날은 관광객이 거의 없어서 주위가 아주 조용했다.

"세노테는 자연적으로 생겨난 우물이야. 지름이 60미터, 깊이가 족히 40미터는 되는데 얼핏 보면 커다란 연못 같지? 지금은 물이 더러워져서 바닥이 잘 안 보이지만, 옛날 마야인들이 사용할 때에는 아주 맑은 물이 샘솟았단다."

"이런 곳에 마을이 있었다고요?

무름이가 으스스해 보이는 주위를 둘러보며 물었다.

"지금은 아무도 살지 않지만, 옛날 마야인들은 이 우물을 중심

으로 마을을 이루며 살았단다."

하지만 지금의 세노테 우물 주변은 사람이 살 만한 곳처럼 보이지는 않았다. 안내원 아저씨가 들려주는 세노테의 전설은 이곳 분위기를 더욱 으스스하게 만들었다.

"옛날 마야인들은 가뭄이 들어 물이 부족하면 비의 신 차크에게 제사를 지냈어. 그때마다 어린아이들을 제물로 바쳤다고 해."

"정말요? 왜 하필 아이들을……."

우리 셋의 표정은 심하게 일그러졌다.

"박사님, 빨리 이 신비의 돌을 내려놓고 여길 떠나요!"

베게너 박사님은 두 번째 신비의 돌을 꺼냈다. 하지만 신비의 돌을 내려놓으려고 하지 않고 마법의 지도를 뚫어져라 바라보며 말을 더듬었다.

"얘들아, 그, 그 근데 말이다. 문제가 그렇게 간단하지가 않구나……."

박사님은 불길한 눈빛으로 세노테 우물을 들여다보았다.

"두 번째 신비의 돌을 갖다 놔야 할 곳은 바로 세노테 우물 안이야. 우물 안의 움푹 파인 곳에 이 신비의 돌을 정확하게 끼워 넣어야만 해."

"네에?"

"누가 저 우물 안으로 들어가서 신비의 돌을 놓겠니? 난 수영을 전혀 못 해서 들어가고 싶어도 들어갈 수가 없구나. 게다가 갑자기 오한이 나서 콜록! 콜록!"

박사님은 응급실로 실려 온 천식 환자처럼 기침을 하기 시작했다.

내 귓가에는 벌이 날아다니는 것 같은 소리가 윙윙 들려왔다.

'어떻게 하면 이 위기를 넘길 수 있지?'

그때 박사님이 내 자존심을 건드렸다.

"너희 셋 중에 제일 용감한 아이가 이 일을 해 줬으면 좋겠구나. 콜록콜록!"

나는 저 으스스한 우물 속으로는 절대 들어가고 싶지 않았다. 하지만 가장 용감한 아이라면 바로 나 아닌가.

"제, 제가 할게요."

나는 최대한 가슴을 쫙 펴고 한 발 앞으로 나섰다. 뒤에서 범수와 무름이가 안도의 한숨을 내쉬는 소리가 들렸다.

"오, 강인이 네가! 콜록콜록."

박사님은 연신 마른기침을 하며 내게 신비의 돌을 건넸다.

"마법의 지도에 표시된 걸 보면 세노테 우물 바닥 어딘가에 이 돌이 딱 들어맞게 움푹 파인 곳이 있을 게다. 그곳에 신비의 돌을 끼워 넣기만 하면 된다."

나는 잠수복으로 갈아입고 고대 마야인들이 아이들을 제물로 바쳤다는 전설이 전해지는 세노테 우물 안으로 들어가기 위해 숨을 깊게 들이마셨다.

"강인아, 공기를 마음껏 마셔."

범수가 걱정스러운 표정으로 나를 보았다.

"왜?"

"마지막으로 맛보는 공기일지도 모르잖아."

"뭐?"

내가 도끼눈을 뜨고 노려보자, 범수는 농담이라는 듯 손을 내저으며 웃었다. 하지만 나는 농담을 받아 줄 기분이 아니었다. 머릿속이 복잡해졌다. 나는 최대한 심호흡을 크게 한 뒤, 세노테 우물 안으로 들어갔다. 다행히 우물 안으로 햇살이 들어와 밖에서 보는 것처럼 물속이 그리 어둡지는 않았다. 하지만 기괴한 바위 사이를 통과해 아래로 내려갈수록 으스스했다.

바위들은 마치 숨이 막혀서 괴로워하는 어린아이들의 얼굴을 닮아 있었다. 아래로 내려갈수록 물속의 바위들이 나를 향해 울고 있는 것처럼 느껴지자 온몸이 후들거렸다. 나는 얼른 눈을 질끈 감았다.

얼마나 시간이 지났을까? 마침내 우물 바닥이 모습을 드러냈다. 바닥에는 정말 움푹 파인 곳이 있었다. 신비의 돌이 딱 들어갈 만했다. 내가 두 번째 신비의 돌을 그곳에 끼워 넣으려는 순간, 뭔가가 내 발목을 낚아채는 게 아닌가!

"헉!"

그때 내가 얼마나 놀랐는지는 아무도 상상조차 할 수 없을 거

다. 나는 전기에 감전된 사람처럼 온몸을 부르르 떨었다. 다음 순간, 내 발을 잡아당기는 게 수초였다는 걸 알았지만 놀란 가슴은 쉽게 진정되지 않았다. 나는 발목에 감겨 있는 수초를 뜯어내고 신비의 돌을 움푹 파인 곳에 내려놓았다. 그때 내가 어떻게 그 일을 해냈는지 내 자신이 정말 대견했다. 나는 미친 듯이 기어 올라갔다. 그런데 아무리 기어 올라가도 끝이 보이지 않았다. 나중에서야 내가 우물에 들어갔다가 올라온 시간이 30분밖에 안 됐다는 걸 알았지만, 그때의 느낌은 30시간은 족히 되는 것 같았다.

"푸하!"

우물 밖으로 얼굴을 내밀자 이제는 살았다는 안도감이 밀려왔다. 나는 우물에서 완전히 나와 바닥에 누워 푸른 하늘을 올려다보았다.

'다시는 이런 무모한 짓은 하지 말아야지.'

"와, 나강인. 다시 봐야겠는걸."

범수와 무름이는 호들갑을 떨며 박수를 쳤다. 나는 드러누운 채로 손을 살짝 들어 별거 아니라는 듯 답했다.

"강인아, 수고했다. 내가 들어갔어야 하는 건데."

박사님은 진심으로 미안하다는 표정으로 나를 내려다보았다.

"그런데 갑자기 몸이 좋아지셨어요? 이제 기침을 안 하시네요? 혹시 우물에 들어가기 싫어서 꾀병을 부리신 거 아니에요?"

"내가 그럴 리가? 콜록콜록! 으, 추워……."

박사님은 갑자기 온몸을 벌벌 떨며 옷깃을 여몄다.

그날 밤, 우리는 근처 숙소에서 하룻밤을 묵었다.

나는 잠자리에 들기 전에 박사님에게 물었다.

"박사님이 잠들어 있던 80년 동안 가장 많이 달라진 게 뭐라고 생각하세요?"

"그때는 대부분의 사람들이 촌락에서 살았어. 마을에는 논과 밭이 있었고, 자동차는 구경하기가 힘들었지. 그런데 지금은 정말 대도시가 많이 생겼더구나. 비행기를 타고 오면서 깜짝 놀랐단다. 건물들도 빽빽하게 들어서 있고, 도로도 발달되어 있는데다 사람들은 어찌나 많은지. 참 많은 것들이 편리하게 바뀌었어."

박사님은 잠시 뜸을 들이다 다시 말을 이었다.

"하지만 도시화, 산업화 때문에 스모그가 심각하더구나. 스모그는 사람과 동물의 호흡기 질환과 피부 질환을 일으킬 수 있고, 식물의 잎을 말라죽게 하는데……."

"그런데 박사님, 이상한 게 있어요."

"뭔데 그러냐?"

"아까부터 기침을 전혀 안 하시네요? 아무래도 꾀병이……."

"콜록, 콜록! 얘기는 내일 또 하기로 하자꾸나. 자꾸 기침이 나서 원……."

그날 밤, 우리는 박사님의 기침 소리 때문에 잠을 설쳐야 했다.

"콜록콜록! 아이고, 이놈의 기침이 언제 멈추려는지. 콜록콜록! 늙으면 죽어야지."

"박사님, 이제 그만하세요. 두 번째 신비의 돌도 제자리에 갖다 놨으니 다 끝났잖아요. 그렇게 기침 안 하셔도 뭐라고 할 사람 없다니까요."

"나도 그러고 싶지. 그런데 기침이 자꾸 나오는 걸 어떻게 하냐? 콜록콜록!"

괜히 꾀병 얘기를 했나? 그날 밤, 나는 꾀병 얘기를 안 했으면 조용히 잘 수 있었을 거라는 생각을 지울 수 없었다.

아마존 밀림과 흰 독수리 바위

"세 번째 신비의 돌이 있어야 할 곳은 브라질의 아마존 흰 독수리의 눈이로구나."

마법의 지도에 찍힌 점을 자세히 살펴본 베게너 박사님은 걱정스러운 목소리로 말했다.

"흰 독수리의 눈이라니요?"

"전설에 따르면 아마존 강 한가운데에 흰 바위가 있는데, 그 바위가 마치 흰 독수리처럼 보인다고 해. 그 흰 독수리처럼 보이는 바위의 눈에 이 신비의 돌을 끼워 넣어야 하는 거지."

"근데 무슨 걱정이라도 있으세요? 얼굴빛이 안 좋으세요."

박사님의 눈치를 살피며 무름이가 물었다. 하지만 박사님은 아무런 대답도 하지 않고, 마법의 지도만 물끄러미 들여다보고 있을 뿐이었다. 박사님은 한참 만에 마법의 지도에 그려져 있는 아마존을 손가락으로 가리키며 입을 열었다.

"아마존에는 아나콘다라고 하는 어마어마하게 큰 뱀도 있고, 피라니아라는 식인 물고기도 있단다."

"그런데요?"

"난 뱀이라면 딱 질색이거든. 피라니아는 또 어떻고? 예전에 피라니아에게 물려 죽은 사람을 본 적이 있는데……. 으, 생각만 해도 끔찍하구나."

박사님은 몸서리를 치더니 뭔가 중요한 말을 하려는 듯 뜸을 들이다가 입을 열었다.

"얘들아! 이번엔 너희들만 갔다 오면 안 되겠니?"

"네? 지금 그걸 말이라고 하세요? 우리가 왜 이런 고생을 하고 있는데요? 다 박사님 때문이잖아요?"

"한때 세계 최고의 탐험가였던 분이 아마존을 무서워한다는 게 말이 되나요?"

우리 셋이 펄쩍 뛰며 비난을 퍼붓자, 박사님은 마지못해 말을 취소했다.

"노, 농담이다. 내가 경솔했구나. 그, 그래 함께 가자……."

하지만 박사님은 마치 도살장에 끌려가는 소처럼 억지로 공항으로 가는 것 같아서 한편으로는 안쓰러워 보였다.

"아무래도 냉동 인간으로 너무 오래 있어서 머리가 좀……."

"쉿, 들으시겠다."

"뭐 어때? 내가 뭐 틀린 말 했냐?"

박사님에게 단단히 실망한 무름이가 빽 소리를 질렀다.

하긴, 내가 봐도 지금의 박사님은 80년 전 세계 최고의 지리 박사님이자 세계 최고의 탐험가였던 그분이 아니다. 어딘지 모르게 나사가 하나 빠져 보였다.

남아메리카 대륙 최대의 도시인 브라질의 상파울루 공항에 내리자마자 우리는 한기를 느꼈다.

"으…… 추워!"

"8월인데 여기는 왜 이렇게 춥냐?"

무름이가 옷을 껴입으며 투덜거렸다.

"그것도 모르냐? 나라마다 기후가 다르기 때문이잖아."

내가 또 이때다 싶어 아는 체를 했다.

"나라마다 왜 기후가 다른데?"

하지만 무름이의 두 번째 질문에 말문이 딱 막히고 말았다.

모른다고 하는 건 내 자존심이 용서를 못 하지.

"한무름! 너 지리 공부 좀 해라. 그건 기초 중의 기초잖아. 안 그러냐, 범수야?"

"그야, 그렇지."

범수는 긴 옷으로 갈아입으며 대답했다.

"범수는 왜 나라마다 기후가 다른지 아냐? 모르는 거 같은데?"

나는 범수의 자존심을 슬슬 건드렸다. 그래야 범수가 화가 나서 나라마다 기후가 다른 이유를 설명해 줄 게 아닌가.

"뭐라고? 내가 그걸 모를 것 같니? 지구의 공전과 자전축 때문에 나라마다 기후가 다른 거잖아. 지구는 자전축을 중심으로 23.5도 기울어진 채 태양의 주위를 돌아. 북반부와 남반부의 기후는 정반대가 되는 거잖아."

나는 범수가 무슨 말을 하고 있는지 알아들을 수가 없었다. 하지만 마치 다 알고 있던 얘기를 듣는 것처럼 고개를 끄덕이며 맞장구를 쳤다.

"그렇지! 너도 알고 있었구나."

"그래서 8월인 지금 북반구에 위치한 우리나라는 더운 여름이지만, 남반구에 위치한 상파울루는 추운 겨울이 되는 거야. 우리나라는 6월부터 8월까지가 여름이지만 브라질은 그 반대지. 나 강인, 이제 됐냐? 나도 알고 있다고."

"미안. 너도 무름이처럼 모르는 줄 알았지."

나는 범수에게 한쪽 눈을 찡끗해 보였다.

다음 날 아침, 우리는 허겁지겁 아침을 먹고 상파울루 공항에서 또다시 브라질 북쪽에 있는 마나우스 공항으로 이동했다. 마나우스 공항에는 아마존 여행의 출발지답게 많은 관광객들이 북적거렸다.

"얘들아, 밀림으로 들어가는 배를 놓치기 전에 어서 서두르자."

박사님이 우리를 재촉했다.

'우리가 탈 배는 어떻게 생겼을까?'

나는 멋진 배를 상상하며 기대감으로 가슴이 부풀어올랐다. 하지만 우리가 타고 갈 배는 한마디로 최악이었다. 배라기보다는 뗏목에 가까웠으니까.

"저 배로 아마존의 정글을 뚫고 흰 독수리 바위까지 간다고?"

범수가 마법의 지도를 들여다보며 땅이 꺼져라 한숨을 내쉬었다.

그때 갑자기 베게너 박사님이 배를 움켜쥐고 데굴데굴 구르는 것이었다.

"아이고! 얘들아. 갑자기 배가 아파서 그러는데, 너희들만 갔다가 오면 안 되겠니? …… 왜들 그런 눈으로 날 보는 게냐? 날 못 믿는 게냐? 진짜로 배가 아프다니까. 아이고!"

하지만 이번에는 소용이 없었다. 나는 자꾸 꽁무니를 빼려고 하는 박사님을 억지로 끌고 배에 올라탔다.

"이게 정말 강이야? 바다 같은데?"

내 나이 이제 열 살을 넘겼지만, 그렇게 넓은 강은 처음 보았다.

　무름이도 입을 헤 벌리고 넓게 펼쳐져 있는 아마존 강을 바라보고 있었다.
　"아마존 강은 크기로 따지면 바다라고 해도 무리가 없을 거야. 아마존 강은 나일 강과 미시시피 강, 중국의 양쯔 강의 물을 전부 합한 것보다 더 큰 강이야."
　범수는 노를 저으면서 쉬지 않고 잘난 체했다.
　얼마가 지났을까. 두 줄기의 물빛이 확연히 다른 게 눈에

띄었다. 검은 빛깔의 물과 황토 빛깔의 물이 두 갈래로 흘러와 합쳐지지도 않고 흘러가고 있었다. 정말 신기한 광경이었다.

"우리가 어디쯤 와 있는 거지?"

나는 박사님의 가방에서 마법의 지도를 꺼내 우리가 있는 지점을 확인해 보려고 했다.

바로 그때 배가 한쪽으로 기우뚱하고 말았다.

"어어어어······."

나는 넘어지지 않기 위해 배의 난간을 움켜잡았다. 그 순간, 마법의 지도가 강물 속으로 떨어지고 말았다.

"앗!"

우리는 순식간에 벌어진 일이라 놀라서 어쩔 줄 몰라 했다.

"마법의 지도가 없으면 신비의 돌을 어디에 놔야 하는지 알 수 없어. 빨리 지도를 찾아야 해!"

우리 셋은 젖 먹던 힘을 다해 노를 저었다. 하지만 지도는 우리와 점점 더 멀어지고 있었다. 엎친 데 덮친 격으로 조금씩 강물 속으로 가라앉고 있었다.

나는 눈을 질끈 감고 강물 속으로 뛰어들었다.

'나 때문에 지구를 구할 수 있는 기회를 놓쳐 버렸다는 얘기는 절대 듣고 싶지 않아!'

하늘이 도왔는지 나는 겨우 마법의 지도를 낚아챌 수 있었다. 그 순간 박사님의 말이 떠올랐다.

'아마존 강물 속에는 동물을 잡아먹는 피라니아 물고기가 살고 있단다.'

그때 다급한 무름이의 목소리가 내 귓가를 때렸다.

"강인아, 뒤를 봐. 피라니아 떼가 나타났어!"

"빨리 돌아와!"

범수도 내게 손짓하며 소리쳤다.

10미터쯤 뒤에서 나를 향해 새까맣게 달려드는 물고기 떼가 눈에 들어왔다. 아마 올림픽에서 금메달을 땄던 수영 선수도 그때 내 속도를 따라오기는 힘들었을 거다. 누구나 죽음 앞에서는 초인적인 능력을 발휘하는 게 아닐까? 나는 정말 눈 깜짝할 사이에 배 가까이에 다다랐다. 하지만 굶주린 피라니아의 속도도 만만치 않았다.

"강인아, 조금만 더!"

내가 막 배 위로 올라오려고 할 때 피라니아 한 마리가 내 발가락을 꽉 물고 늘어졌다. 나는 기겁을 하며 피라니아를 잡아 떼었다. 피라니아는 배 위에서도 세차게 팔딱거리며 날카로운 이빨을 드러냈다. 피라니아를 유난히 무서워하는 박사님이 기절을 한 건 아마 그때쯤이었던 것 같다.

무름이가 노를 이용해 야구 선수처럼 피라니아를 배 밖으로 쳐 내자 배 위에는 다시 평화가 찾아왔다.

"휴……, 죽다 살았네."

마법의 지도를 배 위에 내려놓은 나는 벌러덩 누워 버렸다.

그런데 내가 숨도 채 돌리기 전에 범수가 펄쩍 뛰는 게 아닌가.

"앗! 큰일 났어. 지도가 물에 젖어서 기호, 등고선, 축적, 방위가 모두 안 보여! 흐릿해졌어."

범수는 재빨리 마법의 지도를 조심조심 펴서 햇빛에 말리기 시작했다.

"기호는 뭐고, 등고선은 또 뭐냐? 그런 게 필요해? 신비의 돌을 갖다 놔야 하는 곳만 잘 표시되면 되는 거 아냐?"

무름이가 물에 젖은 마법의 지도를 보며 물었다. 나는 맞다고 대답하려다가 말을 꿀꺽 삼켰다. 범수가 머리를 절레절레 저었기 때문이다.

"무름아, 신비의 돌을 갖다 놔야 하는 곳이 지도에 표시되더라도 그곳을 찾아가려면 기호, 등고선, 방위 등이 꼭 필요해. 방위는 없어도 괜찮아. 보통 8방위표와 4방위표가 있는데, 대개 위쪽이 북쪽이기 때문에 어렵지 않게 방위를 짐작할 수 있거든. 또 축적이 지워져도 상관없어. 축적은 지도에 실제 넓은 지역을 한 장의 종이 위에 줄여서 나타내기 위해 실제 거리를 일정하게 줄여서 나타낸 비율이지. 이미 나는 축적도 다 알고 있으니까. 흠흠! 난 역시 모르는 게 없단 말이야."

범수는 그 와중에도 거드름을 피우며 잘난 체하는 걸 잊지 않앉다.

"하지만 땅 위의 건물들이나 시설물, 자연 모습 등을 알아보기 쉽게 나타낸 기호는 지워지면 안 돼. 또 등고선도 지도의 생명이지."

"등고선이 뭔데?"

"바다의 수면을 기준으로 해서 높이가 같은 곳을 연결한 선을 말하는 거야. 이 바보야! 제발 공부 좀 해라."

아는 얘기가 나오자마자 나는 무름이를 공격하며 재빨리 아는 체를 했다.

무름이는 눈을 부릅뜬 채 나를 흘겨보더니 다시 범수의 말에 귀를 기울였다

"등고선이 왜 중요하냐면, 등고선의 간격이 좁으면 경사가 급하고, 넓으면 경사가 완만하다는 것을 알 수 있어. 만약 지도에 등고선이 없다면 경사도를 알 수 없게 되지."

얼마 뒤, 천만다행으로 마법의 지도는 다시 원래대로 돌아왔다. 약간 얼룩이 생기기는 했지만 크게 문제될 거 같진 않았다. 하지만 그건 착각이었다. 우리는 물에 젖은 마법의 지도 때문에 또 다른 모험을 하게 되니까.

우리가 흰 독수리 바위에 도착한 건 저녁 무렵이었다.

멀리서 보니 정글 속에 우뚝 솟은 흰 독수리 바위는 진짜 거대

한 독수리처럼 보였다.

"정글을 뚫고 흰 독수리 바위까지 올라가려면 꽤 고생하겠는걸."

범수가 마법의 지도와 흰 독수리 바위를 번갈아 보며 자신 없는 목소리로 말했다.

"글쎄 말이다. 아마존 정글에서 자란 나무들은 빌딩보다 더 크다고 하던데. 길이나 제대로 찾을 수 있으려나 모르겠네."

우리는 적당한 곳에 배를 정박시켰다.

"해가 지기 전에 얼른 신비의 돌을 흰 독수리 바위의 눈에 끼워 넣자."

"그래!"

우리는 신비의 돌을 넣은 배낭을 짊어지고 정글 속으로 발을 들여놓았다. 베게너 박사님은 그때까지도 배 위에 기절해 있었다. 나중에 안 사실이지만, 박사님은 정글에 함께 들어가기가 싫어서 기절한 척 누워 있었다고 한다. 하지만 그런 사실을 알 리 없는 무름이는 박사님을 억지로 깨웠다.

"박사님, 얼른 일어나세요. 흰 독수리 바위산이 바로 앞에 있어요."

그래도 반응이 없자, 무름이는 강물을 떠서 박사님 얼굴에 뿌렸다.

"퉤퉤퉤! 이게 뭐야……."

"이제 정신이 좀 드세요?"

박사님은 마지못해 우리를 따라나섰다. 한 100미터쯤 걸었을까? 갑자기 넓은 공터가 우리 앞에 펼쳐졌다.

"여긴 왜 이렇게 나무가 없지?"

"정말? 산불이 났었나 봐. 온통 까맣잖아."

무름이가 가리킨 곳에는 까맣게 변한 벌판만이 펼쳐져 있었다.

"나쁜 개발업자들이 일부러 불을 내서 이렇게 된 거래."

범수가 심각한 표정으로 말했다.

"왜 일부러 불을 내?"

무름이가 물었다.

"불을 낸 뒤에 불법으로 이곳을 개발해서 이익을 얻으려는 거지."

"정말 나쁜 사람들이네!"

무름이의 말에 범수는 고개를 저으며 계속 말을 이었다.

"이 순간에도 눈앞의 이익만 생각하는 사람들이 아마존뿐만 아니라 세계 곳곳의 밀림에서 나무들을 베고 있어. 그 바람에 지구의 허파라고 불리던 밀림이 점점 사라지고 있지."

"그럼 앞으로 어떻게 될까?"

이런, 나도 모르게 질문이 튀어나오고 말았다. 범수 앞에서는 절대 질문하지 말아야 하는데 실수다. 아, 자존심 상해.

"이런 속도로 밀림이 파괴된다면 앞으로 80년 뒤면 전 세계에서 밀림이 모두 사라지고 말 거래."

"정말?"

나는 깜짝 놀랐다. 솔직히 나는 범수보다 지리에 대해 잘 모르지만, 숲이 우리에게 주는 도움을 말해 보라고 하면 하루 종일 말할 수도 있다. 숲은 공기와 땅속의 오염 물질을 흡수하고 정화시켜 주는 작용을 한다. 또 수많은 동·식물들에게 먹이와 보금자리를 마련해 준다. 산사태를 막아 주기도 하고, 우리에게 목재를 제공해 주기도 한다. 사람들은 왜 이런 숲을 함부로 파괴하는 걸까? 나는 까맣게 변한 벌판을 보며 자연이 우리에게 주는 도움에 대해 생각해 보았다.

새까맣게 타 버린 벌판 때문에 흰 독수리 바위산으로 가는 길은 어렵지 않았다. 하지만 신비의 돌을 정확히 눈에 해당하는 위치에 끼워 넣기가 힘들어 보였다. 나는 얼른 이번 임무를 범수에게 떠넘겨 버렸다.

"범수야, 이 정도는 누워서 떡 먹기야. 이번엔 너한테 양보할게. 나 혼자 임무를 다 완수해 버리면 너희들에게 너무 미안하잖아."

나는 흰 독수리의 머리에 밧줄을 묶었다. 그리고 범수의 허리에 밧줄을 묶어 주었다. 잠깐 밑을 내려다봤는데도 정신이 어질어질했다.

"괜, 괜찮을까?"

범수도 겁이 나는지 목소리가 떨렸다.

"야, 사나이가 뭐 이런 거 가지고 겁을 내냐. 일단 한번 해 보고, 못 할 것 같으면 말해. 내가 할 테니까."

"정말?"

"정말이고말고."

범수는 내 말을 믿고 밧줄을 타고 위태위태해 보이는 절벽 아래로 내려갔다. 얼마나 바람이 세차게 불던지 마치 곡예를 하는 것처럼 범수의 몸이 좌우로 크게 흔들렸다.

중간쯤 내려갔을 때였다. 범수의 다급한 목소리가 또렷하게 들려왔다.

"강인아, 나 못 하겠어. 네가 해라!"

나는 한쪽 손을 귀 쪽에 대고 잘 안 들린다는 시늉을 했다.

"뭐라고? 잘 안 들려!"

"더 이상 못 내려가겠다고. 네가 하라고!"

"아, 밧줄을 더 풀라고. 알았어."

나는 재빨리 밧줄을 더 풀었다. 그러자 범수는 비명을 지르며 아래로 미끄러져 내려갔다.

그렇게 얼마나 밧줄을 잡고 있었을까. 마침내 절벽 밑에서 범수의 다급한 목소리가 들려왔다.

"됐어!"

"뭐라고?"

"세 번째 돌을 제자리에 갖다 놨다고. 그러니까 얼른 밧줄을 끌어올려!"

우리는 힘을 합해 밧줄을 잡아당겼다.

무사히 흰 독수리 바위산 위로 올라온 범수는 나를 잡아먹을 듯 노려보았다. 그리고 배를 타고 다시 아마존을 빠져나갈 때까지 쉬지 않고 내 흉을 보았다.

"세상에 믿을 사람 하나도 없다는 말이 맞아."

나는 끝까지 오리발을 내밀 수밖에 없었다. 무서워서 그랬다고 솔직하게 말할 수는 없잖아?

"정말이야. 바람 소리 때문에 네 목소리가 잘 안 들렸다니까! 내가 어떤 친구인지 네가 더 잘 알잖아? 위험에 처한 친구를 그냥 보고 있을 사람이냐, 내가? 제발 믿어 줘."

전시실 습격 작전

"앗! 지도의 색이 점점 바래지고 있어요!"

"뭐라고?"

우리는 깜짝 놀라 마법의 지도를 자세히 살폈다. 과연 지도의 색이 눈에 띄게 흐려져 있었다. 돋보기안경을 끼고 지도를 뚫어지게 살피는 베게너 박사님의 얼굴빛이 백지장처럼 새하얘졌다.

"이런, 큰일이구나. 지도가 마법의 힘을 잃어 가고 있어. 아무래도 아마존 강물에 빠졌을 때 문제가 생긴 거 같구나."

나는 고개를 푹 숙인 채 고개를 들지 못했다.

"그럼 이제 어떻게 해요?"

성격 급한 무름이는 펄쩍펄쩍 뛰었다.

"한 가지 방법이 있긴 한데……."

"그게 뭔데요?"

우리는 한목소리로 물었다.

"마법의 지도 보관함을 찾아서 거기에 지도를 보관하는 거란다."

"마법의 지도 보관함이요? 그게 어디에 있는데요?"

"80년 전 내 연구실에 보관해 뒀지. 하지만 지금은 어디에 있는지 나도 몰라……."

박사님의 말에 우리는 털썩 주저앉았다.

'그럼 이제 어떻게 되는 거야? 지도가 마법의 힘을 잃어버리면 신비의 돌을 어디에 둬야 하는지도 알 수 없고, 정말 그렇게 되면…….'

얼마나 그렇게 앉아 있었는지 모르겠다.

갑자기 범수가 손가락을 딱 튕기며 자리에서 벌떡 일어났다.

"아직 실망할 단계는 아니야."

우리는 일제히 범수를 바라보았다.

"80년 전 박사님은 독일의 베를린 대학에서 학생들을 가르치셨잖아. 당시 박사님은 최고의 기상학자이자 천문학자, 지리학자이셨지."

"흠흠, 세계 최고의 탐험가였다는 말은 빼먹었구나."

박사님도 칭찬이 싫지는 않은 것 같았다.

"죄송해요. 세계 최고의 탐험가셨지요. 그렇게 훌륭한 분이 갑작스러운 사고를 당해 실종됐다고 생각해 봐. 그럼 대학에서 어떻게 했을까? 분명 박사님의 연구실을 '베게너 전시실'로 바꿔 보존하고 있을 거야. 훌륭한 사람들이 태어난 생가나 연구실은 그대로 보존하는 법이잖아."

범수의 말은 앞뒤가 착착 들어맞았다. 잘난 체할 때 보면 정말 재수없지만, 이럴 때는 감탄하지 않을 수 없었다.

"범수야. 너 정말 대단하다. 어쩜 그런 생각을 다 했니!"

무름이는 호들갑을 떨며 범수를 칭찬했다.

베게너 박사님은 아주 만족스러운 표정으로 범수의 말을 끝까지 다 들었다. 그러고는 한참 동안 고개를 끄덕이며 범수의 말을 곱씹었다.

"범수가 아주 중요한 얘기를 해 줬구나. 80년 전 나는 정말 훌륭한 기상학자, 천문학자, 지리학자이자 용감한 탐험가였지. 게다가 얼굴도 잘생겨서 여자들한테 인기도 꽤 많았지……."

"박사님!"

무름이가 소리를 질렀다.

"에구, 깜짝이야. 왜들 그러냐?"

"지금 그게 중요한 게 아니잖아요. 마법의 지도 보관함이 어디 있는지 기억나세요?"

"글쎄다. 일단 가서 보면 기억나지 않을까?"

독일의 날씨는 그야말로 찜통이었다. 조금만 걸어도 등에서

땀이 주르르 흘러내렸으니까.

"오! 세상에! 놀라운 일이군. 독일이 열대 지방처럼 덥다니!"

가장 놀란 사람은 베게너 박사님이었다. 박사님은 멍한 표정으로 중얼거렸다.

"요즘 전 세계가 이상 기후 때문에 난리예요."

무름이가 손으로 부채질하며 말했다.

"이상 기후라니?"

"어휴, 이상 기후도 모르세요? 과거 30년 동안 한 번도 관측되지 않았던 기후를 이상 기후라고 하잖아요. 독일만 이상 기후에 시달리는 게 아니에요. 지난 여름 유럽에서는 기상 관측을 시작한 이래, 최고의 불볕더위 때문에 수십 명이 목숨을 잃었고요. 인도에서는 갑작스러운 추위 때문에 수백 명이 목숨을 잃었어요."

범수가 땀을 닦으며 말했다.

잠시 뒤, 베를린 대학에 도착한 베게너 박사님은 잠시 어디론가 사라졌다가 영화서나 봤던 FBI 같은 복장을 하고 나타났다.

"박사님! 이번엔 무슨 일이에요?"

"쉿! 나를 알아보는 사람이 있으면 여러 가지 곤란한 일이 생길 거 같아서 말이다. 이렇게 하면 나를 알아보는 사람이 없겠지?"

박사님은 날씨에 어울리지 않게 긴 레인코트에 중절모자를 푹 눌러쓰고 있었다. 선글라스 덕분에 전혀 알아볼 수 없었는데도 박사님은 주위를 무척 의식하는 듯 보였다.

"아, 이곳이 바로 내가 천문학으로 박사 학위를 받은 곳이지. 그때부터 나는 기상학에 관심을 갖게 되었단다."

옛날 생각에 흠뻑 빠져든 박사님을 따라 베를린 대학 건물 안으로 들어간 우리는 박사님의 안내를 받으며 이곳저곳을 둘러보았다.

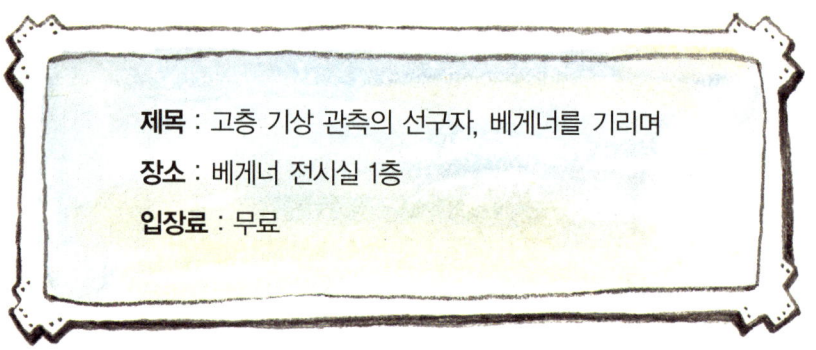

제목 : 고층 기상 관측의 선구자, 베게너를 기리며
장소 : 베게너 전시실 1층
입장료 : 무료

"앗! 저기 좀 봐! 저거 박사님 아냐?"

"무슨 소리야? 박사님은 네 옆에 계시잖아."

범수가 무릎이를 꾸짖듯 말했다.

"아니, 저거 말이야. 안 보여?"

내가 구석진 곳에 있는 아담한 건물을 가리켰다. 그 건물 벽에는 정말 박사님 얼굴이 대문짝만하게 인쇄되어 붙어 있었다.

범수의 말대로 베를린 대학에서는 베게너 박사님의 연구실을 전시실로 만들어 놓고 있었다.

"그런데 고층 기상 관측이 뭐지?"

무름이가 지나가는 말투로 물었다.

"말 그대로 풀어서 생각해 보면 되겠네. 고층 빌딩에 올라가서 날씨를 관측하는 거 아닐까?"

나는 확신을 가지고 말했지만 곧 후회했다.

"강인아, 너 지금 농담한 거지? 너처럼 똑똑한 아이가 그렇게 말하다니……. 그렇지?"

"응? 그, 그럼. 당연하지. 농담이야."

베게너 박사님과 무름이는 벌써 건물 안으로 들어가고 있었다. 범수와 나도 재빨리 박사님을 따라 안으로 들어갔다.

전시실 안은 박사님과 관련된 여러 가지 사진들과 자료들로 가득 차 있었다. 타임머신을 타고 100년 전으로 휙 날아간 듯한 기분이 들었다.

박사님도 그런 기분을 느끼는 듯했다.

"이 사진 속 사람이 쿠르트 베게너, 바로 우리 형이지. 이때 난 형이 근무하던 항공 연구소에 들어가 형의 조수로 일했어. 정말 즐거웠지."

사진 옆에는 작은 모형 기구가 전시되어 있었다.

"그때 우리가 탔던 기구와 똑같군. 너희들에게 이걸 보여 줄 수 있게 될 줄은 꿈에도 몰랐다."

1906년에 박사님은 형과 함께 기구를 타고 북극의 대기를 관측했다고 했다.

"그 당시에 기구를 타고 하늘을 오른다는 것은 무척 위험한 일이었지. 하지만 그런 모험에 과감히 도전할 만큼 고층 기상을 관측하는 일은 아주 흥미로웠다."

"박사님, 이 지도는 뭘 말하는 거죠?"

벽에는 유럽대륙 지도가 붙어 있었는데, 독일과 덴마크를 가로질러 빨간 선이 그어져 있었다.

"1906년에 내가 형과 함께 기구로 비행했던 경로를 말하는 거야. 여기 독일에서 출발해 덴마크를 가로지른 다음, 덴마크와 스웨덴 사이의 카테갓 해협을 건너서 다시 독일로 돌아오는 경로였지."

"와! 진짜 멀리 다녀오셨네요? 위험하지 않았어요?"

무름이가 손바닥을 치며 감탄했다.

"위험했지. 하지만 이겨낼 만했어. 그때까지도 기구가 하늘에 떠 있는 게 35시간이 최고 기록이었는데, 우리는 무려 52시간이나 하늘에 떠 있었지."

박사님의 목소리에는 잔뜩 힘이 들어가 있었다.

전시실을 모두 둘러보고 나니, 나는 박사님이 정말 대단한 분이라는 생각이 들었다.

"범수야, 난 박사님이 좀 이상한 행동을 해서 엉터리가 아닐까 의심했는데, 80년 전에는 정말 천재이셨나 봐."

"맞아. 대학에서 기상학 강의도 하셨대."

범수가 고개를 끄덕이며 말했다.

"그래? 그럼 박사님께 세계의 기후에 대해 한번 여쭤볼까?"

호기심 많은 무름이가 박사님에게 다가갔다.

"박사님, 지리 탐사대로서 세계 지리를 탐사하려면 기후를 잘 알아야 하잖아요? 세계의 기후가 어떻게 크게 나뉘는지 알고 싶어요. 설명 좀 해 주세요."

갑작스런 무름이의 질문에 박사님은 당황해 했다.

"다, 당연하지. 난 기상학 박사잖니."

말은 자신 있게 했지만 박사님은 80년 전의 그 박사님이 아니었다. 그런데 이게 어찌된 일일까? 박사님의 입에서 설명이 술술 나오는 게 아닌가!

"세계 기후가 어떻게 크게 나뉘는지 알고 싶다고? 그 정도야 뭐 쉽지. 세계의 기후는 크게 열대, 건조, 온대, 냉-한대 기후로 나뉘지. 열대 기후는 일 년 내내 여름이 계속되는 더운 지방이야. 적도 근처에 분포하는데, 일 년 내내 비가 많이 내리는 편이라 열대우림이 발달해. 건조 기후는 사막을 떠올리면 되겠군. 그곳은 비가 거의 내리지 않고 낮에는 무척 덥다가 밤에는 기온이 크게 내려가지."

박사님은 잠시 쉬었다가 말을 이었다.

"온대 기후는 대체로 온화한 날씨를 보이면서 사계절이 뚜렷한 게 특징이야. 같은 온대 기후라도 대륙성 온대 기후는 겨울 내내 아주 추운 게 특징이고, 해양성 온대 기후는 일 년 내내 따뜻하고 온화해. 또 지중해성 온대 기후는 덥고 건조한 날씨를 보인단다."

박사님은 계속해서 냉-한대 기후에 대해 설명해 주었다.

"자, 마지막으로 냉-한대 기후는 극지방에서 나타나지. 일 년 내내 추운 겨울이 계속되고 짧은 여름에도 기온이 섭씨 10도를 넘지 않는단다."

"우와, 역시 박사님은 세계 최고의 지리 박사님이에요."

무름이가 침이 마르도록 박사님을 추켜세웠다.

그때 범수가 내 옆구리를 툭툭 쳤다.

"강인아, 여기 좀 읽어 봐."

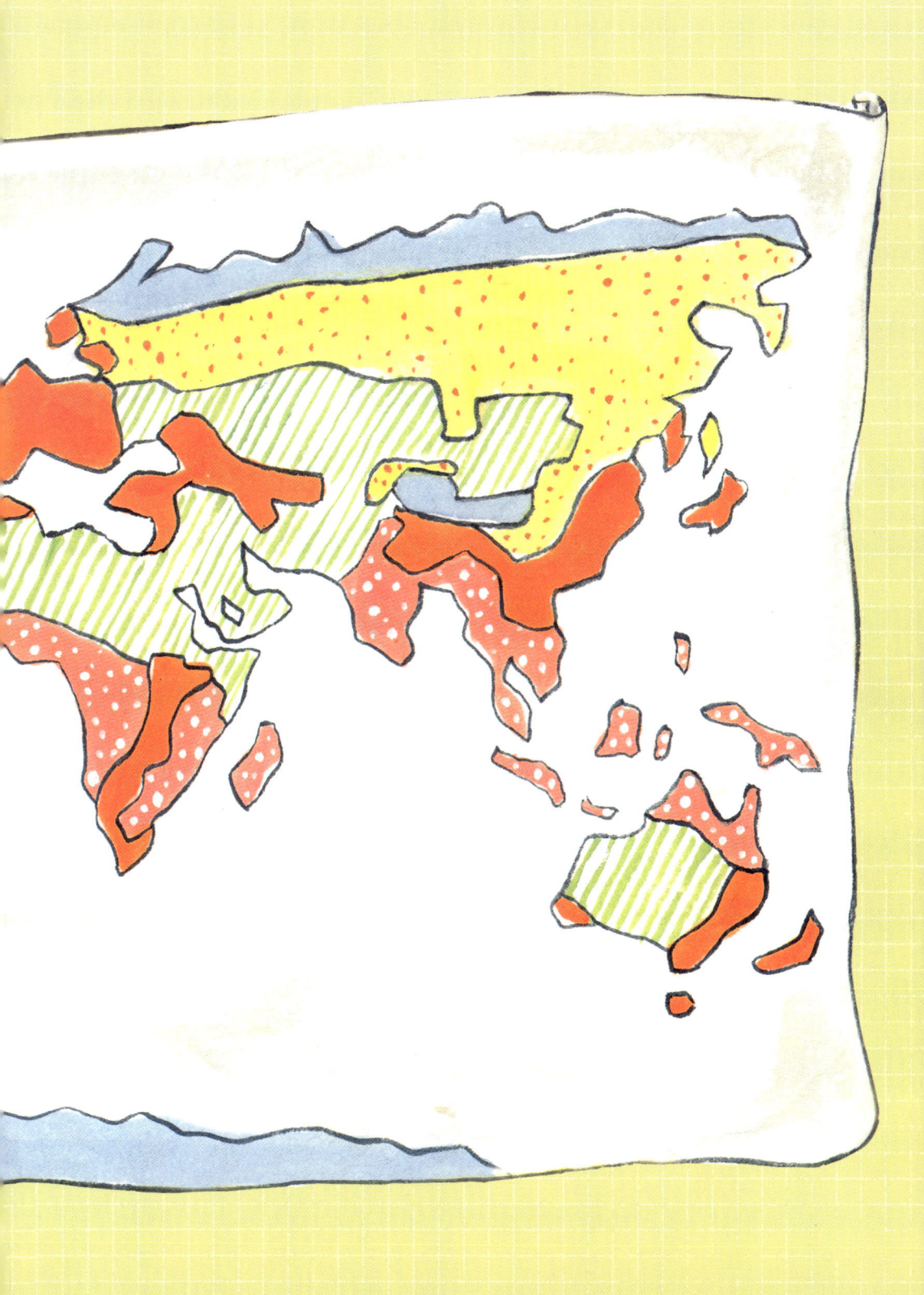

범수가 세계의 기후대 지도를 손가락으로 가리켰다.

"그 밑에 적혀 있는 내용을 읽어 보라고."

세계의 기후대 지도 밑에는 방금 베게너 박사님이 설명했던 내용이 글자 하나 틀리지 않고 그대로 적혀 있었다.

"그럼 우리 몰래 이걸 읽으셨던 거야?"

범수는 어이없다는 표정을 지으며 고개를 끄덕였다.

우리 둘은 서로를 보며 허탈하게 웃었다. 하지만 무름이는 이런 사실을 눈치 못 챈 것 같았다.

박사님은 전시실 구석구석을 뒤지며 마법의 지도 보관함을 찾고 있었다.

"박사님, 찾으셨어요?"

우리는 불안한 표정으로 박사님의 행동을 지켜보고 있었다. 박사님은 마치 먹을 것을 찾는 개처럼 코를 벌름거리며 전시실 구석구석을 뒤졌다.

"다른 물건들은 잘 정리해 둔 거 같은데, 마법의 지도 보관함만 안 보이는군."

"박사님, 빨리 하세요. 사람들이 자꾸 쳐다보잖아요."

무름이가 눈치를 보며 재촉했다. 그러고 보니 전시실 안에 있는 관람객들이 흘끔거리며 우리를 쳐다보고 있었다.

"찾았다! 바로 저거야!"

박사님이 유리문 안에 있는 물건을 손가락으로 가리켰다.

"저게 마법의 지도 보관함이에요?"

무름이가 눈을 크게 뜨고 전시물을 쳐다보았다.

"확실하죠? 혹시 착각하신 건 아니죠?"

범수는 박사님의 표정을 살피며 의심스런 표정을 지었다.

"확실하다. 확실해!"

마법의 지도 보관함은 학교 앞 문방구에서 흔히 볼 수 있는 필통보다 약간 큰 크고, 아무런 특징도 없는 물건이었다. 아무리 봐도 마법을 부릴 만한 물건처럼 보이지 않았다.

"박사님, 저게 마법의 지도 보관함인 게 확실하죠?"

우리는 박사님에게 한 번 더 다짐을 받았다.

"너희들 왜 그런 눈으로 날 보는 거냐? 설마 내가 내 물건도 못 알아볼까 봐 그러냐?"

마법의 지도 보관함은 유리문 안에 잘 보관되어 있었다.

"그나저나 저 유리문을 어떻게 열지?"

그러자 박사님이 호주머니에서 열쇠 꾸러미를 꺼내 내게 건넸다.

"저 유리 상자도 내가 80년 전에 사용했던 거란다. 이 열쇠 중에 저 유리문을 여는 열쇠가 있을 거야."

나는 열쇠 꾸러미를 받아 일일이 유리문을 열어 보았다. 하지만 열쇠가 얼마나 많은지 딱 맞는 열쇠를 찾는 게 쉽지 않았다. 관람객들이 자꾸 힐끔힐끔 쳐다보는 것도 신경 쓰였다.

"강인아, 자칫하면 네가 도둑으로 몰릴 수 있어. 빨리 여는 게 좋을 거야."

범수가 내 귓가에 대고 말했다.

'도와주지는 못할 망정……. 하여튼 밉상이라니까.'

마침내 "딸깍!" 하고 경쾌한 소리가 났다. 나는 관람객들의 눈치를 보다가 순식간에 마법의 지도 보관함을 낚아챘다. 그 순간 귀청이 떨어질 듯한 경보음이 사정없이 울려 퍼졌다.

나는 재빨리 마법의 지도 보관함을 가방에 넣었다.

관람객들은 무슨 일인지 몰라 우왕좌왕하며 입구 쪽으로 몰려가고 있었다.

"얘들아, 서두르자. 우리도 빨리 여기에서 빠져나가야 해."

웬일로 베게너 박사님이 앞장서서 우리를 이끌었다.

"강인아, 서둘러. 잡히면 경찰서로 가야 할지도 몰라."

범수는 그 와중에도 얄미운 말만 늘어놓고 있었다.

"얘들아, 이쪽으로 빨리!"

베게너 박사님과 우리 셋은 전시실 뒷문으로 빠져나가 학교 후문 쪽으로 걸어갔다. 뒤를 돌아보니 전시실 입구에서 경비원들이 관람객들의 가방을 조사하고 있었다.

"휴우, 내 물건을 내가 가지고 나오는 것도 이렇게 힘드니 원!"

박사님은 마법의 지도 보관함이 들어 있는 가방을 꼭 껴안은 채 계속 투덜댔다.

나는 혹시나 경찰이 우리를 쫓아올까 봐 계속 뒤를 돌아보며 종종걸음을 쳤다.

신비의 돌을 잃어버리다

지도를 마법의 지도 보관함에 보관하자 과연 효과가 나타나 얼마 뒤 마법의 지도는 다시 원래의 모습을 찾았다.

우리는 네 번째 신비의 돌을 마법의 지도 위에 올려놓고, 간절한 마음으로 지도를 바라보았다. 얼마나 그렇게 마법의 지도를 바라보고 있었을까? 지도에서 눈부신 빛이 뿜어져 나와 우리는 손으로 눈을 가렸다. 잠시 뒤, 마법의 지도에 네 번째 점이 나타났다. 검은 대륙, 아프리카의 사하라 사막이었다. 점은 사하라 사막 한가운데에 찍혀 있었다.

우리는 비행기에서 내리자마자 사하라 사막으로 가는 지프차를 빌렸다. 지프차는 끝없이 펼쳐진 사막의 고속도로를 달렸다.

그렇게 얼마를 달렸을까? 지프차 운전수 아저씨가 머리를 절레절레 저었다.

"얘들아, 이 이상은 더 못 간다."

"왜요?"

"도로가 없잖니. 여기에서 더 깊은 사막으로 들어가려면 근처 마을에서 낙타를 빌려 타야 한단다."

이렇게 해서 우리는 근처 마을에서 낙타를 빌려 타고 사하라 사막의 한가운데로 들어가게 되었다. 그때까지 우리는 우리에게 닥칠 시련에 대해 전혀 모르고 있었다. 알았다면 절대 낙타를 타지 않았겠지만.

우리는 갖은 고생을 해 가며 드디어 목적지인 사하라 사막 한가운데에 도착했다.

"박사님, 여기예요."

범수가 제일 먼저 낙타에서 내리면서 사막 한가운데 있는 붉은 돌을 가리켰다.

우리 눈앞에 무덤 크기만한 바위가 하나 놓여 있었다. 그 바위 한가운데에는 신기하게도 신비의 돌을 끼워 넣기에 딱 알맞은 크기의 구멍이 뚫려 있었다. 네 번째 신비의 돌이 있어야 할 자리가 틀림없었다.

"이번에는 쉽게 해낼 수 있겠어."

범수는 지난번 아마존의 흰 독수리 바위산에서 있었던 일을 떠올리고 있는 듯했다.

"박사님, 얼른 네 번째 돌을 주세요."

하지만 낙타에서 내린 박사님은 멍한 표정으로 주위를 두리번거렸다.

"어, 어디 갔지?"

"박사님! 뭐 하세요?"

이미 범수와 함께 바위 위에 올라가 있던 무름이가 독촉했다.

"가, 가방이 감쪽같이 사라져 버렸어!"

"네?"

우리는 '설마?' 하며 주변을 이잡듯이 뒤졌다. 하지만 가방은 어디에도 없었다. 이럴 수가! 잃어버린 게 틀림없었다.

"그럼 탐사대의 임무는 여기서 끝나는 거야? 마법의 지도도, 신비의 돌도 모두 그 가방 안에 들어 있잖아."

무름이는 모래 위에 펄썩 주저앉아 버렸고, 범수는 목이 타는 듯 물통의 물을 꿀꺽꿀꺽 마셨다. 박사님은 어쩔 줄 몰라 하며 자꾸 주변을 살피는 척했다.

"어차피 잘됐지 뭐. 이제 그만 집으로 돌아가자. 신비의 돌을 제자리에 갖다 놓는다고 해서 환경 파괴가 정말 멈춰질지 확실한 것도 아니고……. 난 이제 지쳤어."

"나도 마찬가지야. 어차피 이제 우리가 할 수 있는 일도 없잖아."

나는 무름이의 의견에 찬성했다. 정말 탐사대고 뭐고, 빨리 집으로 돌아가고 싶은 생각뿐이었다.

하지만 범수의 생각은 달랐다.

"칼을 뽑았으면 오이라도 썰어야지. 여기서 포기할 순 없잖아. 중간에 포기하는 건 아닌 거 같아."

범수는 침착하게 말했다.

그 말을 듣자 정신이 퍼뜩 들었다.

'그래! 저 녀석이 포기하지 않는다면 나도 그럴 수 없지.'

나는 일부로 호탕하게 웃었다.

"하하하! 아까 내가 한 말은 농담이야. 여기까지 와서 포기할 순 없지. 어떻게 해서든지 가방을 다시 찾아 신비의 돌을 모두 제자리에 갖다 놓자. 그게 우리 지리 탐사대의 임무잖아."

내가 생각해도 참 멋진 말이었다. 물론 마음속으로는 넓은 사막에서 어떻게 잃어버린 가방을 찾을지 막막하기만 했다.

가방을 찾아 왔던 길을 되짚어 가는 길은 고난의 연속이었다.

"빨리 서둘러야 해. 바람이 불면 사막의 모래가 우리가 왔던 길을 덮어 버릴 거야!"

범수가 뒤를 돌아보며 소리쳤다. 입을 열 때마다 모래가 입속으로 들어와 대답조차 할 수 없었다.

사막의 태양은 뜨겁게 내리쬐고 있었다. 내 머리 위에서 계란 프라이를 해 먹을 수 있을 것 같았다. 엉덩이는 또 어떻고? 낙타를 타 본 적이 있는지? 안 타 봤으면 엉덩이가 얼마나 아픈지 상상도 할 수 없을 것이다. 하지만 아무리 눈을 씻고 찾아봐도 모래 외에는 아무것도 보이지 않았다.

그날 저녁, 우리는 낙타를 빌렸던 마을에 가까스로 도착했다.

"오늘 밤은 여기서 쉬었다 가자."

우리는 완전히 녹초가 되었다. 아무래도 사막에서 가방을 잃어버린 것 같지 않았다. 그럼 차에 두고 내린 것일까?

낙타를 빌렸던 마을에서 하룻밤을 잔 우리는 지프를 빌려서 왔던 길을 되짚어 갔다.

"어! 쟤네들 학교에 가나 봐. 근데 손에 들고 있는 게 가방이야? 도시락이야?"

무름이가 달리는 차 안에서 저 멀리 한 줄로 늘어선 아이들을 가리키며 말했다.

정말 끝이 보이지 않을 정도로 길게 늘어선 아이들 손에는 물통 같은 게 하나씩 들려 있었다.

"저건 물통이야. 물을 길러 가는 거라고."

범수가 말했다.

"물통? 어디서 약수라도 나오는 거야?"

내 질문에 범수는 혀를 끌끌 찼다.

"그게 아니라 아프리카는 가뭄에 시달리고 있어. 아프리카에 사는 아이들은 부족한 물 때문에 몇 시간이나 걸어서 물을 길어 온대."

'흥! 잘난 척은. 언젠가는 범수 녀석의 콧대를 납작하게 해 주고 말 테다.'

나는 마음이 상했지만 꾹 참았다.

"지구에 물이 부족하다니……. 내가 살던 시대만 해도 이런 날이 올 거라고는 예상하지 못했는데……."

베게너 박사님은 걱정스러운 듯 말했다. 요즘은 태풍, 호우, 가뭄, 폭설, 지진, 해일 등의 자연재해 때문에 지구촌은 몸살을 앓고 있다. 2004년 남부아시아에서 지진으로 생긴 해일 때문에 수많은 사람들이 목숨을 잃었던 사건이 떠올랐다.

"이곳에는 비가 내리지 않으니 식량 문제가 더욱 심각하겠구나."

베게너 박사님이 우리에게 물었다. 내가 대답하려고 했지만 범수가 한 발 더 빨랐다.

"네. 가뭄 때문에 아프리카는 심각한 식량 문제에 놓여 있어

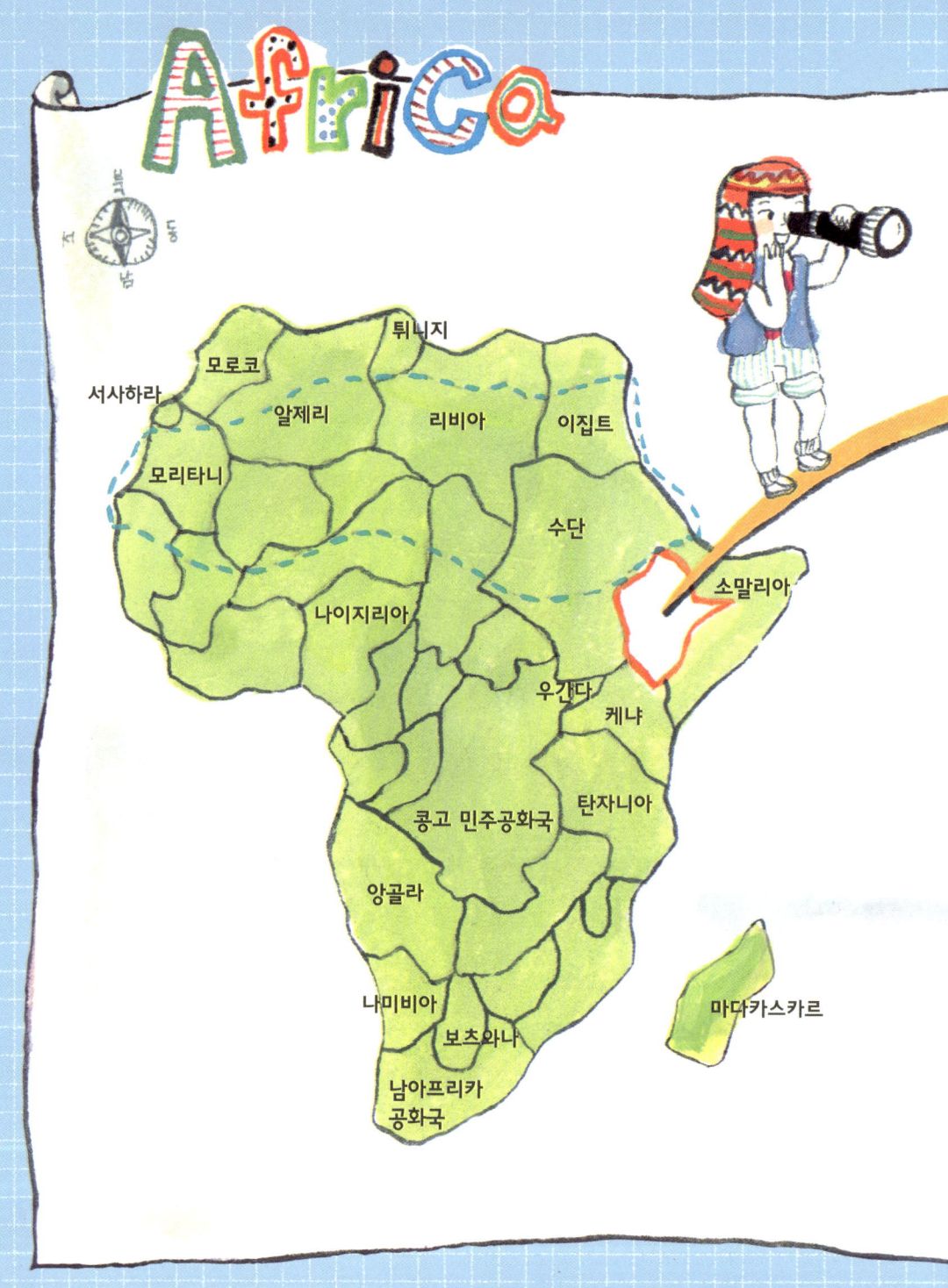

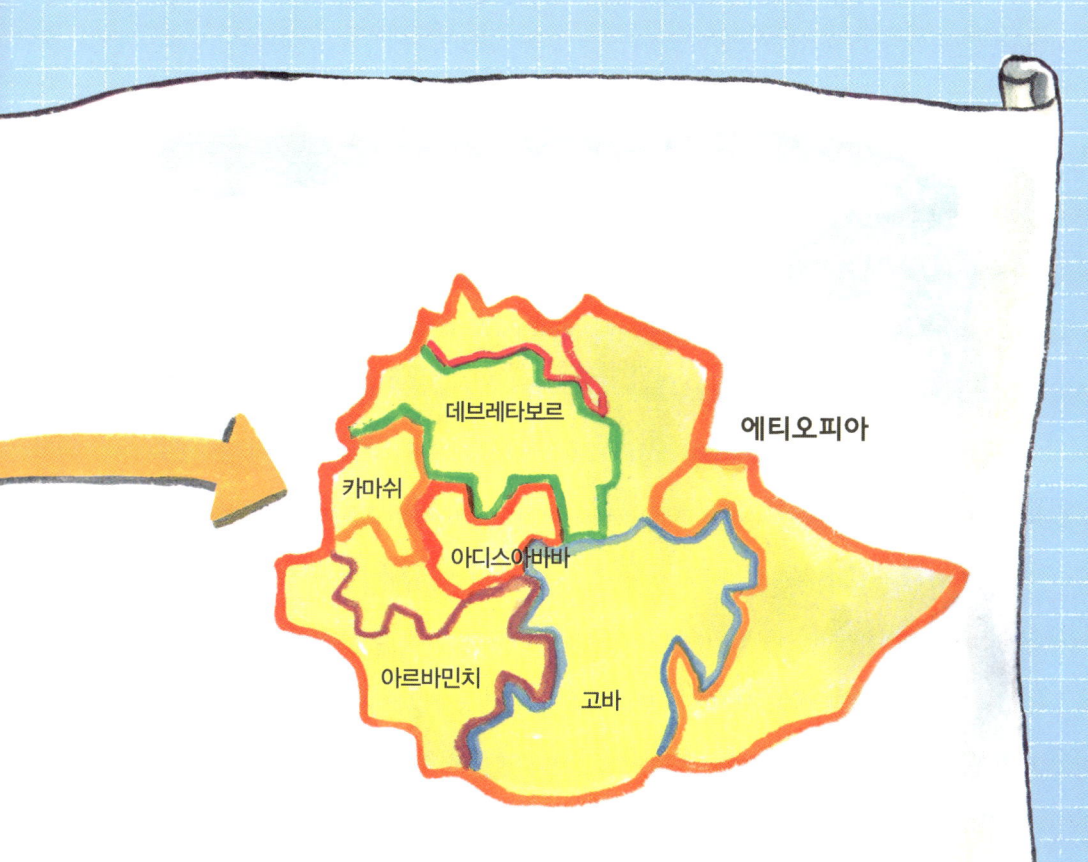

에티오피아 – 아프리카 대륙 동쪽에 뿔처럼 튀어나온 부분, '아프리카의 뿔'이라 불리는 곳에 위치하고 있다. 아프리카에서 유일하게 서양의 식민 지배를 받지 않은 나라. 1960년대까지 국민소득 3,000달러에 이를 정도로 잘사는 나라였지만, 독재 정치와 내전, 기근에 시달려 세계에서 가장 못사는 나라 중 하나가 되었다. 현재 460만 명이 세계 구호 단체에서 지원되는 구호 식량에 의존하고 있다. 아프리카 대부분의 나라들이 그렇듯 출산율이 높은 대신 짧은 수명 때문에 아이들이 인구의 절반을 차지하고 있다.

아디스아바바 – 에티오피아의 수도.

카마쉬 – 수도 아디스아바바에서 520킬로미터 떨어진 지역. 2,300 가구 1만 4,000여 명의 주민이 살고 있는 마을.

요. 지금도 아프리카의 많은 아이들이 굶어 죽고 있어요."

범수는 아프리카에 오랫동안 가뭄이 이어지면서 곡물 가격이 크게 올랐다고 했다. 특히 에티오피아와 소말리아, 케냐, 우간다와 같은 나라들이 극심한 식량난을 겪고 있다고 말했다.

우리가 드디어 가방을 찾은 곳은 엉뚱하게도 공항이었다. 태풍 때문에 비행기가 추락하는 줄 알고 잔뜩 긴장해 있던 박사님이 가방을 엉뚱한 곳에 두고 공항을 나왔던 것이었다.

"자, 이제 가방도 찾았으니, 네 번째 신비의 돌을 제자리에다 갖다 놓으려면 지금 떠나야……."

박사님은 우리의 눈치를 슬슬 보며 말꼬리를 흐렸다.

우리는 왔던 길을 또다시 돌아가야 한다고 생각하니 눈앞이 깜깜했다.

"휴우……. 정말 미치겠네."

사하라 사막 한가운데에 있는 붉은 바위까지 가는 동안 우리는 아무 말도 하지 않았다. 아니, 말을 하고 싶어도 말할 힘이 조금도 남아 있지 않았다고 하는 게 옳을 거 같다.

위기일발의 만리장성

다섯 번째 신비의 돌이 있어야 할 곳은 중국 북경의 만리장성이었다.

중국으로 가는 비행기 안에서는 태풍 때문에 한바탕 소동이 있었다.

"강인아, 창밖을 좀 봐. 날씨가 심상치 않아."

무름이는 걱정스런 표정으로 나를 깨웠다. 박사님과 범수는 이미 깨어 있었다.

"조금 전까지 맑은 날씨였는데 이상하네……."

때마침 안내 방송이 흘러 나왔다.

"안녕하십니까. 저희 비행기는 지금 태풍이 부는 지역 주위를 지나가고 있습니다. 직접적인 태풍의 영향을 받지는 않겠지만,

승객 여러분께서는 모두 자리에 앉아 안전벨트를 매 주시기 바랍니다."

"태, 태, 태풍? 그럼 비행기가 추락하는 거 아냐?"

베게너 박사님은 불안한 눈빛으로 밖을 내다보고 있었다. 하긴, 박사님이 살던 80년 전에는 이런 현대식 비행기가 없었으니 겁이 나는 건 당연하겠지.

"안심하세요. 박사님! 요즘 비행기는 웬만해선 추락하지 않아요."

하지만 박사님은 불안한 기색을 감추지 못했다.

"너희들이 아직 태풍의 위력을 몰라서 그래. 자연재해는 언제 어디서 일어날지 정확하게 알 수 없어 큰 피해를 준단다. 특히 강한 비바람과 많은 비로 산사태와 홍수 등을 일으키는 태풍은 더욱 그렇지. 태풍은 전 세계적으로 일 년에 평균 26회 발생하며 7, 8, 9월에 자주……."

그때 마침 비행기가 심하게 기우뚱 움직였다. 마치 자동차를 타고 비포장 도로를 지나갈 때 느끼는 기분이었다.

"으아아아!"

박사님은 마치 악몽을 꾸는 사람처럼 비명을 질렀다. 승객들의 시선이 일제히 우리에게 쏟아졌다.

"죄송합니다. 죄송합니다."

범수가 자리에서 일어나서 승객들에게 대신 사과를 했다.

"박사님, 안심하시라니까요."

나는 박사님을 안정시키려고 했다. 하지만 박사님의 눈빛은 공포로 가득 차 있었다.

"육지에서는 태풍이나 호우의 피해를 막기 위해 여러 가지 노력을 할 수 있어. 산사태에 대비해 사방공사를 할 수 있고, 높은 파도와 해일의 피해를 막기 위해 방파제를 쌓을 수도 있지. 하지만 비행기 안에서는 아무것도 할 수가 없잖니."

나는 벌벌 떨고 있는 박사님을 위해 담요를 덮어 주었다.

"박사님, 조금만 참으세요."

박사님은 번데기처럼 담요 속에 웅크리고 앉아 비행기가 조금만 흔들려도 어린아이처럼 깜짝 놀랐다. 박사님은 비행기가 안전하게 착륙한 뒤에야 담요 속에서 머리를 내밀었다.

"휴우! 죽었다 살아났네. 요즘 비행기는 정말 좋구나. 옛날 같았으면 이런 기상에서는 추락했을 텐데……. 으, 무서워라."

북경에 도착하자마자 베게너 박사님은 또 기침을 시작했다.

"갑자기 숨을 못…… 컥컥! 컥컥컥!"

박사님은 점점 더 심하게 기침을 했다.

나는 베게너 박사님을 의심스러운 눈초리로 바라보았다. '또 무슨 꾀를 부리시려고 저러시나?' 하는 생각이 들었다. 하지만 이번엔 엄살이 아닌 것 같았다.

"박사님이 편찮으신 거 같으니까, 오늘은 푹 쉬고 내일 탐험을 다시 시작하도록 하자."

범수의 말에 나는 약간 기분이 상했다.

'흥! 자기가 무슨 리더라도 되나? 왜 이래라저래라 하는 거야.'

숙소에 도착한 우리는 박사님을 침대에 눕혔다. 그리고 방 안의 공기를 환기시키기 위해 창문을 활짝 열었다.

"푹 쉬시면 좀 나아지실 거예요."

그런데 어떻게 된 일인지 박사님의 기침은 좀처럼 잦아들 줄을 몰랐다.

"켁켁, 애들아, 아무래도 공기 때문인 거 같구나. 내가 살던 80년 전에는 공기가 아주 깨끗했어. 그런데 지금 이곳의 공기는…… 켁켁."

우리는 창밖을 내다보았다. 아니나 다를까. 도시는 온통 뿌연 황사로 뒤덮여 있었다.

"윽, 최악의 황사다!"

"빨리 창문을 닫아!"

우리는 재빨리 창문을 꼭꼭 걸어 잠갔다. 황사는 점점 더 짙어지고 있었다. 황사로 뒤덮인 하늘은 한 치 앞도 안 보일 정도였다.

"강인아, 너 황사가 왜 생기는지 아니?"

나는 무름이의 갑작스런 질문에 움찔했다.

"아, 알지."

"그래? 왜 황사가 생기는데?"

무름이는 내 눈을 뚫어져라 쳐다보았다.

"그건 말이지. 잠깐만! 켁켁, 나도 황사 먼지를 너무 많이 마셨나 봐. 켁켁."

나는 곧 숨이 넘어갈 것처럼 마른기침을 해 댔다. 내가 기침을 멈추지 않자 무름이는 범수에게 물었다.

범수는 오랜만에 잘난 척할 기회가 생기자 목에 힘을 주며 입을 열었다.

"황사에 대해서는 내가 척척박사지. 잘 들어. 황사는 중국의 건조한 지역에서 발생한 모래먼지야. 황사의 발원지인 중국은 매년 엄청난 양의 땅이 황사 때문에 사막화가 되어 가고 있어. 무름아! 너 황사가 우리 몸에 얼마나 해로운지는 알지?"

무름이는 천연덕스럽게 고개를 가로저었다. 나 같으면 몰라도 안다고 했을 텐데……. 아무튼 너무 솔직한 무름이다.

나는 나오지도 않는 기침을 억지로 하며 범수의 설명에 귀기울였다. 하지만 내 기침 소리에 범수가 걱정스러워 했다.

"강인아, 괜찮니?"

"괜, 괜찮아. 콜록콜록! 얼른 무름이한테 황사에 대해 설명해 줘. 켁켁."

"황사에는 우리 몸에 해로운 중금속이 들어 있어. 그래서 호흡기 질병을 일으키기도 하지. 박사님하고 강인이가 기침하는 것도 황사에 들어 있는 중금속 때문이야."

"그럼 우리나라의 황사도 중국에서 불어온 거니?"

"으이그! 너 그것도 몰랐냐? 중국의 건조한 지역에서 발생한 황사는 지구 전체에 영향을 주는 환경 문제야. 환경 문제는 문제를 일으킨 나라에만 영향을 주는 게 아니라 주변 나라에도 영향을 주기 때문에 심각해."

나는 기침을 하며 무름이에게 말했다.

"내가 기침만 안 했어도 좀 더 자세하게 설명해 줄 수 있었는데 미안하다. 그래도 범수가 제법 자세하게 설명해 줬어. 켁켁! 범수, 너 제법 똑똑하다."

"뭘, 이 정도는 기본이지."

범수가 거드름을 피우는 모습을 보자 괜히 칭찬해 줬다는 생각이 들었다.

다음 날 아침, 우리는 만리장성으로 향했다.

"헉헉, 얘들아. 좀 천천히 가자꾸나."

베게너 박사님은 만리장성으로 올라가는 계단에 앉아 숨을 몰아쉬었다.

"왜 이렇게 덥지? 80년 전에는 지금처럼 기온이 높지 않았는데 지금은 아주 더운 것 같구나. 그동안 지구에 무슨 일이 있었던 거냐?"

"지구 온난화 때문이에요."

마침 사회 시간에 지구 온난화에 대해 배운 게 생각이 났다.

박사님은 좀 더 구체적으로 설명해 보라는 듯 나를 바라보았다. 하지만 구체적으로 아는 게 있어야 설명을 하든지 말든지 하지. 나는 얼른 지친 척하며 계단에 쭈그리고 앉았다.

"헥헥, 저도 힘들어 죽겠어요. 조금 있다가 설명해 드릴게요."

나는 숨을 몰아쉬며 범수의 눈치를 살폈다.

'잘난 체할 기회를 그냥 지나쳐 본 적이 없는 범수가 이번에도 날 구해 주겠지.'

아니나 다를까. 범수는 지구 온난화에 대해 설명을 하고 싶어 하는 것 같았다.

"강인아, 힘들면 내가 설명해 드려도 될까?"

"그러고 싶다면 그렇게 해. 헥헥."

"지구 온난화는 쉽게 얘기해서 지구가 점점 더워지고 있는 현상을 가리키는 말이에요. 자동차와 공장, 일반 가정에서 온실가스를 너무 많이 배출하기 때문에 온난화가 점점 심해지고 있어요."

"헥헥, 이산화탄소가 지구 온난화를 일으키는 주범이에요."

나는 재빨리 끼어들었다.

"그러니까 온실가스인 이산화탄소가 대기의 온도를 높이고 있다는 얘기로구나. 가만! 그렇게 되면 지구에는 갖가지 기상재해가 일어나고 있을 텐데……."

"박사님 말씀이 옳아요. 지구 온난화 때문에 지구의 온도가 계속 올라가고 있고요. 그 때문에 극지방의 빙하가 녹아 바다의 수면이 점점 높아지고 있어요."

"흠, 상당히 심각하구나. 바다의 수면이 높아지면 작은 섬들은 바닷속으로 가라앉을 텐데?"

'저런 말을 할 때 보면 진짜 박사님 같은데…….'

"예. 실제로 투발루라는 태평양의 작은 섬나라에 비상이 걸렸어요."

"왜?"

"바닷물이 넘쳐 국토의 대부분이 바닷속으로 가라앉았거든요."

"저런! 정말 환경문제가 심각하구나."

"그뿐만이 아니에요. 몰디브 같은 태평양의 작은 섬나라 대부분이 앞으로 몇 십 년 안에 바닷속으로 가라앉을 거라고 해요."

잠시 뒤, 우리는 다시 힘을 내서 가파른 계단을 오르기 시작했다.

"자, 모두 힘을 내자. 다섯 번째 신비의 돌을 제자리에 가져다 놓는 임무는 누워서 떡 먹기일 거 같아."

"맞아. 흰 독수리 바위처럼 위험하지도 않고, 사하라 사막의 붉은 바위처럼 멀지도 않잖아. 이 계단만 올라가면 끝이라고."

"아하! 그렇구나."

무름이는 박수를 치며 좋아했다.

하지만 그것은 우리의 희망사항일 뿐이었다. 다섯 번째 신비의 돌을 제자리에 갖다 놓은 게 보통 일이 아니라는 걸 알 게 된 건 계단을 다 올라가서였다.

"자, 신비의 돌을 어디에다……."

나는 신비의 돌을 한 손에 들고 만리장성을 삥 둘러보았다. 나는 그때 처음으로 만리장성을 보았다. 수없이 많은 돌로 이루어진 만리장성을 본 우리는 벌어진 입을 다물지 못했다. 마법의 지도에는 만리장성에 검은 점이 찍혀 있을 뿐, 정확히 어디라고 나타나 있지 않았다. 우리 모두는 자리에 털썩 주저앉아 버렸다.

"쉽게 풀리는 법이 없구나."

"으아, 도대체 어디에다 돌을 끼워야 하는 거야!"

무름이는 머리카락을 쥐어뜯으며 비명을 질렀다. 나는 너무 기가 막혀 불평을 늘어놓을 힘도 없었다.

"박사님, 이럴 때는 어떻게 해야 하나요?"

우리는 지푸라기라도 잡는 심정으로 박사님에게 구원을 요청했다. 그러자 박사님도 괴로운 듯 힘없이 말했다.

"끙, 마법의 지도와 신비의 돌이 우리의 앞길을 인도해 주겠지."

'돌팔이 박사님에게 기댄 우리가 잘못이지.'

우리는 하는 수 없이 돌을 하나하나 살피며 만리장성 위를 걸었다. 만리장성에서 신비의 돌을 끼워 넣어야 할 곳을 찾는 일은 어쩌면 평생을 바쳐도 불가능할지 모른다.

그런데 박사님 말처럼 마법의 지도와 신비의 돌이 우리의 앞길을 인도해 주었는지, 우리는 천만다행으로 일주일 만에 신비의 돌이 있어야 할 자리를 찾아냈다. 하지만 그 일주일은 내 인생 최악의 시간이었다. 밥 먹는 시간과 잠자는 시간을 빼고 우리는 하루 종일 만리장성의 돌들을 살피며 걸어 다녀야 했으니까. 지금도 나는 '만리장성'이라는 말만 들어도 자다가도 치를 떤다.

최악의 상황에서 탈출하라!

"자, 이제 마지막 돌만 남았다."
"마지막 돌만 제자리에 갖다 놓으면 이제 우리의 임무도 끝나는 거지!"
우리는 다시 한마음으로 손을 꼭 잡고, 마법의 지도를 뚫어져라 쳐다보았다.
'이번만큼은 제발 좀 쉬운 곳으로…… 제발!'
나는 마음속으로 간절히 빌었다.
하지만 하늘은 우리의 편이 아니었다. 마법의 지도에서 빛이 뿜어져 나온 곳은 정말 생각지도 못한 곳이었다.
"앗, 이곳은!"
우리는 동시에 "남극!"이라고 외친 뒤, 그 자리에 얼어붙은 듯 꼼짝도 하지 못했다. 다행히 이번에는 빛이 사라지자 정확한 위치에 검은 점이 찍혀 있었다.

"휴우, 그나마 만리장성에서처럼 신비의 돌이 있어야 할 위치를 몰라 헤매는 일은 없겠구나."

우리는 안도의 한숨을 내쉬었다.

"남극 대륙의 안쪽에 있는 고원 지대에 있는 러시아의 보스토크 기지?"

범수는 검은 점이 찍힌 곳의 지명을 또박또박 읽어 갔다.

"얘들아, 이번엔 그곳이 어떤 곳인지 인터넷으로 미리 알고 가자. 그럼 많이 도움이 될 거야."

범수의 의견에 따라 우리는 당장 컴퓨터를 켰다.

"이게 무슨 기계냐? 정말 신기하게 생겼구나."

컴퓨터를 처음 본 박사님은 키보드를 두드려 보기도 하고 모니터에 귀를 갖다 대기도 했다.

"박사님, 이건 컴퓨터라고 하는 건데요. 이 기계로 검색을 해 보면 우리가 가야 하는 곳의 자세한 정보를 얻을 수 있어요."

박사님은 놀이동산에 처음 온 아이처럼 눈을 휘둥그레 뜨고 모니터 화면을 들여다보았다.

나는 인터넷 검색창에 '남극 러시아 보스토크 기지'라고 쳤다. 그러자 모니터에 보스토크 기지에 대한 정보가 떴다.

"남극의 연평균 기온은 영하 23℃이다. 하지만 남극의 보스토

크 기지는 좀 더 가혹한 곳…… 백두산보다 높은 3,480m에 위치해 있다. 평균 온도는 영하 55.4℃…… 존재하는 건 얼음이나 눈밖에 없다……. 가끔 기온이 영하 60℃ 이하로 떨어지면 사람이 만든 인공섬유는 모두 견디지 못하고 부서진다. 따라서 이곳에 올 때는 양털이나, 낙타털, 곰 가죽 등으로 만든 옷을 입어야 한다……."

보스토크 기지에 대한 정보를 검색하던 나는, 나도 모르게 말을 더듬었다.

"이, 이, 이런 곳으로 가야 한다고? 난 죽어도 못 가. 이건 사람이 견딜 수 있는 곳이 아니잖아."

"난 추운 건 딱 질색이라고!"

무름이도 팔짱을 낀 채 심각한 표정을 지었다.

"나도 자신 없어."

범수도 고개를 절레절레 저었다.

"박사님! 죄송해요. 더 이상은 안 되겠어요."

나는 신비의 돌과 마법의 지도가 든 베낭을 박사님에게 돌려주었다. 그러자 박사님은 우리의 마음을 다 이해한다는 듯한 표정으로 이렇게 말했다.

"너희들의 마음 이해한다. 어린이들이 저렇게 추운 곳에서 탐험한다는 건 좀 무리지. 암!"

박사님은 눈물을 흘리지도 않는데, 잠시 눈가를 훔치는 시늉을 했다.

"그동안 너희들의 도움이 없었다면 난 다섯 개의 신비의 돌을 제자리에 갖다 놓지 못했을 거야. 내가 너희들을 만난 건 정말 행운이었어. 하지만 너희들이 정 싫다면 나 혼자서라도 끝을 봐야지."

베게너 박사님은 또 기침을 시작했다. 박사님은 위기의 순간이 닥치면 기침을 하는 못된 버릇이 생긴 것 같았다.

"콜록콜록! 나중에 내가 남극에서 죽었다는 신문 기사를 보더라도 절대 미안해 하거나 죄책감에 시달리지 말거라."

박사님의 기침 소리는 점점 더 커져 갔다.

"아, 그리고 내가 남극에서 죽더라도 '내가 박사님과 같이 갔다면 박사님이 돌아가시지 않았을 텐데.' 라는 생각은 절대 하지 마라. 너희들은 할 만큼 했어. 콜록콜록!"

그러더니 박사님은 이 세상에서 가장 쓸쓸한 표정을 지으며 천천히, 정말 아주 천천히 문을 향해 걸어갔다.

우리의 마음을 바꿔 놓으려고 그렇게 행동한다는 건 알았지만, 그래도 박사님의 쓸쓸한 뒷모습을 보자 마음이 조금 흔들렸다.

"자, 잠깐만요. 박사님!"

베게너 박사님의 걸음을 멈추게 한 사람은 범수였다.

"잠깐 친구들과 의논할 테니 기다려 주세요."

"꼭 같이 안 가도 되는데……. 하지만 너희들의 뜻이 정 그렇다면 여기서 잠깐 기다리고 있으마."

박사님은 소파에 털썩 앉아 괴로운 듯 무거운 표정으로 기침을 하고 있었다.

"박사님이 너무 불쌍하지 않냐?"

"그것도 그렇지만, 마지막 돌을 제자리에 갖다 놓지 않으면 이제까지 우리가 한 고생이 다 물거품이 돼 버리는 거잖아."

범수와 무름이의 마음도 박사님과 함께 가는 쪽으로 기운 것 같았다. 나는 얼른 정의의 편에 섰다.

"맞아. 우리는 용감한 탐사대야. 끝까지 임무를 완수해야지. 우리 모두 박사님과 함께 남극으로 가자. 가서 마지막 돌을 제자리에 놓는 거야. 그리고 지구를 구하는 거지."

우리의 생각을 전해 들은 박사님은 더욱 기운이 없는 척했다.

"콜록콜록! 정말 고맙구나. 너희들은 정말 용감한 아이들이야. 정말…… 콜록콜록!"

그러면서 슬쩍 신비의 돌과 마법의 돌이 들어 있는 배낭을 다시 내게 내미는 것이었다.

하지만 남극에 도착하는 순간, 나는 박사님의 꼬임에 넘어간 걸 뼈저리게 후회했다.

'그때 그냥 가시게 뒀어야 하는 건데…….'

남극의 날씨는 상상을 초월했다. 옷으로 온몸을 꽁꽁 싸맸지만 어디서 찬바람이 들어오는지 뼈마디가 얼어붙은 것 같았다.

"박사님! 설마, 여기서부터 걸어가는 건 아니겠죠?"

"당연하지. 일단 대한민국의 남극기지인 세종기지까지 가자. 거기서 설상차나 스노모빌(눈 위를 달리는 오토바이)을 빌려서 보스토크 기지까지 가서 신비의 돌을 제자리에 놓는 거야. 그러면 우리의 임무는 끝이다."

"세종기지까지는 어떻게 가는데요?"

그러자 박사님은 어깨를 으쓱했다. 마땅한 대책이 없을 때 박사님이 보이는 행동이었다.

하는 수 없이 우리는 준비해 간 스키를 타고 썰매를 끌면서, 세종기지를 향해 걷기 시작했다. 썰매에는 침낭, 텐트, 등산 장비 등 남극 탐험에 필요한 물품들을 실었다.

"으…… 남극은 왜 이렇게 추운 거지?"

"그건 지구가 타원형으로 생겼기 때문이야. 지구는 적도 부분이 볼록 튀어나와 있다는 건 알지?"

맨 뒤에서 따라오던 무름이가 짜증을 내자 범수가 뒤를 돌아보며 말했다. 범수의 잘난 체하는 병은 남극의 추위도 막을 수 없나 보다.

"누굴 바보로 아냐?"

마스크를 쓰고 있어서 무름이의 표정을 살필 순 없었지만 목소리로 봐서 신경질적인 표정을 짓고 있다는 걸 느낄 수 있었다.

"아, 미안! 혹시나 해서 물어봤던 거야. 아무튼 타원형으로 생긴 지구를 떠올려 봐. 어디에 태양이 가장 많이 비치겠니? 볼록 튀어나온 적도 주변이잖아. 그래서 적도 주변에는 늘 햇볕이 쨍쨍 내리쬐지. 반면에 북극과 남극에는 햇볕이 거의 안 들어. 그래서 적도 주변은 항상 여름인 거고, 북극과 남극은 항상 겨울인 거야."

하지만 한 번 시작된 무름이의 짜증은 멈출 줄 모르고 계속되었다.

"으, 추워. 우리나라는 계절에 따라 바람의 방향이 다른 계절풍이 부는데, 남극에는 오로지 살을 에는 칼바람뿐이구나. 아, 짜증 나! 우리나라는 사계절이 있는데, 남극은 추운 겨울뿐이고. 아, 짜증 나!"

"야, 한무름! 제발 그만 좀 투덜거려라. 너만 추운 게 아니잖아."

듣다못해 내가 빽 소리를 질렀다. 하지만 그 뒤에도 무름이의 불평은 한동안 이어졌다.

"으, 추워. 우리나라는 겨울에 가장 추운 곳은 중강진이고, 가장 따뜻한 곳은 제주도인데, 남극은 어디를 가도 다 춥구나. 우리나라는……."

그렇게 얼마나 걸었을까. 보이는 것이라고는 온통 하얀 눈과 빙하뿐이었다. 장갑, 신발 속에 뜨거운 찜질팩을 넣어 두었지만 워낙 추워서 별 효과가 없었다. 모자를 쓰고 고글로 얼굴을 가렸지만 찬바람이 어디로 들어오는지 얼굴에 감각이 없었다. 입김

때문에 앞을 똑바로 볼 수조차 없었고, 고글에는 고드름이 생기기 시작했다. 하지만 그렇다고 고글을 벗을 수도 없었다. 자외선 지수가 9.0 이상이면 20분 내외에 얼굴에 홍반이 생기는데, 남극의 자외선 지수는 한국의 10배 이상이다. 이런 곳에서는 자외선

으로부터 눈을 보호하는 고글은 필수였다.

바로 그때 맨 앞에서 걸어가던 박사님이 갑자기 사라져 버렸다.

"앗! 박사님이 어디로……."

말을 마치기도 전에 서로의 몸을 연결하고 있던 로프가 팽팽해지는가 싶더니, 내 몸이 앞으로 쭉 딸려 나갔다.

"으악! 사람 살려!"

"강인아, 스틱으로 바닥을 찍어!"

어렴풋이 범수의 목소리가 들려왔다. 나는 무의식적으로 스틱을 휘둘렀다.

'아, 내가 여기서 죽는구나.'

나는 눈을 질끈 감았다. 그 짧은 시간 동안 우리가 겪었던 일들이 눈앞을 빠르게 스치고 지나갔다. 그랜드캐니언에서 마법의 지도의 힘을 처음으로 목격한 일, 신비의 돌을 들고 공포의 세노테 우물 속으로 들어가던 일, 흰 독수리 바위산에 오르던 일, 사하라 사막의 붉은 바위를 두 번이나 왔다 갔다 하던 일, 만리장성에서 신비의 돌을 끼워 넣어야 할 곳을 찾아 헤매던 일…….

눈을 떠 보니 스틱은 기적적으로 바닥에 꽂혀 있었다.

'아, 이 스틱 하나에 내 목숨이 달려 있구나.'

크레바스였다. 빙하가 갈라진 틈을 크레바스라고 하는데, 남극에서는 크레바스 속으로 떨어져 죽는 일이 많다고 한다.

겨우 용기를 내서 밑을 보니, 박사님이 로프에 대롱대롱 매달려 있었다.

"박사님! 제 말 들리세요?"

하지만 아무리 불러도 대답이 없었다. 기절을 한 게 틀림없었다.

그때 범수와 무름이의 다급한 목소리가 들려왔다.

"강인아, 움직이지 마!"

위를 올려다보니, 스틱이 조금씩 얼음 밖으로 빠져나오고 있었다. 나는 숨을 멈추고 가만히 로프에 매달려 있었다.

"우리가 잡아당길 테니까, 넌 로프를 꽉 잡고 있어."

범수와 무름이는 허리에 로프를 묶고 온 힘을 다해 로프를 끌어당겼다. 나는 눈을 꼭 감고 기도를 올렸다.

"하나님, 제발 저를 살려주세요. 이 크레바스에서 빠져나가면 정말 매일 착한 일을 하며 살게요. 잘 모르면서 아는 체도 하지 않겠습니다. 정말입니다. 약속하겠습니다. 그리고……."

"강인아, 내 손 잡아."

범수가 나를 향해 손을 뻗었다. 범수의 손이 하늘에서 내려온 동아줄처럼 보였다. 나는 범수의 손을 꽉 잡았다.

"셋 하면 끌어당긴다!"

범수가 무름이에게 긴장된 목소리로 말했다.

"하나, 두울……."

나는 침을 꿀꺽 삼키고 마지막일지도 모를 푸른 하늘을 올려다보았다.

"셋!"

그런데 내가 겨우 크레바스를 벗어난 순간, 범수와 무름이가 비명을 질렀다.

"안 돼!"

내가 들고 있던 배낭이 크레바스 속으로 떨어지고 말았다. 그 배낭 안에는 마법의 지도와 마지막 신비의 돌이 들어 있었다.

'아, 이렇게 허무하게 우리의 임무가 끝나는구나……'

바로 그때 밑에서 베게너 박사님의 목소리가 들려왔다.

"켁켁, 배낭이 왜 내 목에 걸려 있는 거냐? 뭣들 하냐? 빨리 끌어올리지 않고!"

배낭은 기적처럼 박사님의 목에 걸려 있었다. 우리 셋은 힘을 내서 로프를 잡아당겼다.

  얼마 뒤, 크레바스에서 겨우 빠져나온 박사님은 하늘이 노랗게 보인다며 썰매에 누워 가쁜 숨을 몰아쉬었다. 나는 그 끝이 안

보이는 크레바스를 다시 한 번 내려다보았다.

"휴우, 이 크레바스 밑에는 뭐가 있을까? 지금 우리가 빙하 위에 서 있으니까 이 빙하 밑에는 바다일까?"

보통 때 같으면 절대 이런 말을 하지 않았을 것이다. 하지만 그때는 너무 정신이 없어서 아는 체를 해야 한다는 생각을 하지 못했다.

"강인아, 너 이제 보니까 북극과 남극의 차이도 모르는구나."

범수는 마치 선생님처럼 훈계했다. 아차 싶었지만 이미 엎질러진 물이었다.

"남극은 바다로만 되어 있는 북극하고는 달리 거대한 대륙이야. 북극은 얼음 덩어리가 둥둥 떠 있을 뿐 땅은 아니지. 하지만 남극은 얼음으로 뒤덮여 있는 것 같지만, 얼음을 다 걷어 내면 그 안에 거대한 대륙이 숨어 있어. 그 크기는 한반도의 60배가 넘고, 지구 육지 면적의 9.2퍼센트에 해당해. 그러니까 빙하의 갈라진 틈인 크레바스의 끝으로 계속 내려가면 남극대륙인 거야."

범수의 설명은 여기서 멈추지 않았다. 하지만 그 얘긴 더 이상 하지 않기로 하자. 어차피 범수 녀석의 말을 더 듣고 싶어 하는 독자들도 없을 테니까.

크레바스에서 빠져나와 세종기지까지 가는 길은 그나마 쉬웠다. 세종기지에서 일하는 우리나라 과학자들과 직원들은 우리를 아주 따뜻하게 맞아 주었다. 우리에게 설상차나 스노모빌 중 편한 걸 타고 다녀오라고 했다. 범수는 설상차가 더 편할 거라고 했지만 나는 스노모빌을 타자고 우겼다.

"눈 위를 달리는 스노모빌이 얼마나 멋있는데!"

하지만 내 선택이 잘못되었다는 걸 깨닫는 데 그리 오랜 시간이 걸리지 않았다. 세종기지를 출발한 지 10분이나 지났을까? 귀와 코가 떨어져 나갈 정도의 바람이 불어왔다. 생각해 보라. 그냥 걸어가도 추운 곳을 스노모빌을 타고 쌩쌩 달렸으니, 얼마나 춥겠는가? 보스토크 기지까지 가는 동안 무름이와 범수와 베게너 박사님은 번갈아 내게 투덜댔다.

"강인아, 너 때문에 얼어 죽겠다."

"설상차를 탔으면 이렇게 춥진 않았을 텐데!"

"쟤는 머리가 나빠서 그래."

평소에 이런 모욕적인 얘기를 들었다면 불같이 화를 냈겠지만, 그때는 화를 낼 만한 입장이 아니었다. 나는 입을 꾹 다문 채 빨리 목적지에 도착하기만 빌고 또 빌었다.

목적지에 도착한 우리 넷은 얼음처럼 꽁꽁 얼어 있었다. 입이 얼어 말을 제대로 할 수조차 없었다.

"빠, 빠, 빨리 신, 시, 신비의 돌을……."

마법의 지도에 표시되어 있는 장소를 찾는 데만도 오랜 시간이 걸렸다. 몸이 얼어붙어 빨리 움직일 수도 없었다. 겨우 신비

　의 돌이 있던 자리를 찾은 우리는 얼음 덩어리처럼 차가워진 신비의 돌을 내려놓았다. 그러자 아주 잠깐이었지만, 돌은 신비로운 빛을 내더니 다시 원래의 모습으로 되돌아왔다. 임무를 수행하면서 여러 차례 이런 광경을 봤지만, 보면 볼수록 정말 신기했다. 우리가 살고 있는 이 지구에는 우리가 모르는 신비한 것들이 많은 것 같았다.

　우리의 계획은 마지막 신비의 돌을 제자리에 갖다 놓은 다음에 우리끼리 축하할 예정이었다. 각자 그동안 임무를 완수하느라고 고생한 얘기도 한마디씩 하고, 앞으로의 바람도 얘기할 생각이었다. 하지만 누구도 그 얘기를 꺼내지 않았다. 우리의 머릿속에는 오직 빨리 따뜻한 곳으로 가고 싶다는 생각밖에 없었다.

　'부디 신비의 돌이 지구의 환경 파괴를 막아 주기를……'

나는 간단하게 속으로 소원을 빌고 재빨리 돌아섰다.

보통 탐험대들은 임무를 완수하고 나면 얘기꽃을 피우고, 어깨동무하고 기념사진을 찍는다. 하지만 우리는 좀 달랐다. 얼마나 추위에 시달렸던지 우리나라로 되돌아오는 비행기 안에서도 누구 하나 입을 열지 않았다. 맛있는 기내식도 포기하고 담요를 뒤집어쓴 채 잠만 잤다.

베게너 박사님은 우리와 헤어진 뒤, 해야 할 일이 남아 있다며 그린란드로 갔다. 우리는 조촐한 송별 파티조차 하지 않았다. 냉정한 아이들이라고 우리를 생각하는 독자들이 있을지 모르겠다. 만약 남극을 탐험해 본 분이 그런 비난을 한다면 기꺼이 받아들이겠다. 하지만 남극 탐험을 해 본 적이 없는 분이라면 부디 그런 비난은 삼가해 줬으면 한다.

비행기에서 내려 인천공항을 빠져나오자 한여름의 햇볕이 뜨겁게 내리쬐었다. 집으로 돌아가는 버스 안에서도 자꾸 잠이 쏟아졌다. 그동안 우리가 겪은 일들이 마치 꿈속의 일들처럼 느껴졌다.

'며칠 뒤면 여름방학도 다 끝나고, 새 학기가 우리를 기다리고 있겠지.'

하지만 아무리 오랜 시간이 지나도 이번 지리 탐사대의 모험은 영원히 잊을 수 없을 것 같았다.

강인아, 범수야, 무름아!

내가 이곳에 도착한 지도 벌써 몇 개월이 흘렀구나.

모두들 학교생활 잘하고 있겠지?

너희들 덕분에 신비한 돌을 모두 제자리에 갖다 놓을 수 있게 되어 얼마나 다행인지 모른다. 너희들이 아니었다면 이 일은 절대 해낼 수 없었을 거야.

정말 고맙구나. 너희들은 지구를 구한 용감한 아이들이란다.

아! 너희들에게 고백할 게 있단다.

신비의 돌을 원래 있던 자리에 갖다놓으면, 그 돌은 우리 눈에 보이지 않는 큰 힘을 발휘해. 하지만 저절로 환경이 좋아지는 건 아니란다.

지구에 살고 있는 우리 모두가 더 이상 지구의 환경이 파괴되지 않도록 노력하는 게 더 중요하지. 정부는 환경과 관련된 법을 만들고, 기업은 환경 정화 시설을 설치하고, 환경 마크가 부착된 상품을 개발하는 데 힘을 쏟아야 한단다. 또 가정에서는 쓰레기 분리 배출을 철저히 실천하고, 물을 아껴 써야 하지. 그리고 환경 보존을 위해 꼭 필요한 시설을 만들어야 해.

난 너희들이 지구의 환경 문제를 해결하는 데 앞장서는 어린이들이 될 거라고 믿고 있단다.

강인아! 무름아! 범수야!

이건 일급비밀인데, 나는 마법의 지도를 이곳 그린란드에 숨겨 두기로 했단다. 만약 지구가 또 위험에 처하거든 너희들이 이 마법의 지도를 찾으렴. 마법의 지도가 해결책을 알려 줄 거야.

너희들에게만 특별히 마법의 지도를 숨겨둔

곳을 알려 주마.

이 편지지의 뒷면을 자세히 살펴보렴.

보통 사람이 못 보도록 특수 장치가 되어 있지만, 간절한 마음을 담아서 보면 마법의 지도를 숨겨 놓은 곳이 보일 거야.

그리고 다시 만나면 우리도 다른 탐사대들처럼 어깨동무하고 기념사진도 찍고, 임무 완수를 기념하는 축하 파티도 열자꾸나.

너희들과 함께 탐사를 할 수 있어서 정말 즐겁고 행복했다.

그럼 다시 만날 때까지 안녕!

그린란드에서 베게너 박사

1 베게너 박사님의 '대륙 이동설'은 뭘까?

1910년 베게너 박사님은 남아메리카 대륙의 동쪽 해안선과 아프리카 대륙의 서쪽 해안선이 무척 닮아 있다는 것을 발견했어. 박사님은 퍼즐 맞추듯이 두 대륙의 해안선을 서로 맞추어 봤어. 그리고 곧 대륙의 해안선이 퍼즐처럼 딱 맞는다는 걸 발견했지.

그 후 박사님은 '대륙 이동설'이라는 이론을 발표했어.

"2억 5,000만 년 전 지구의 대륙은 '판게아'라는 거대한 한 개의 대륙으로 이루어져 있었다. 그런데 어떠한 힘에 의해 지금의 대륙으로 갈라져 이동하게 되었다."

하지만 박사님은 어마어마하게 큰 대륙을 움직이게 하는 힘이 무엇인지 몰랐어. 오랜 시간이 지나 다른 과학자들에 의해 그 의문이 풀렸지. 그 힘은 바로 지각 밑에 있는 맨틀이었어. 말랑말랑한 맨틀은 한 자리에 가만히 잊지 않고 자꾸 움직여. 그 바람에 맨틀 위에 놓인 지각판이 이리저리 움직이게 된 것이지.

맨틀 위에 떠 있는 지각판들은 때로는 서로 부딪치기도 하는데, 그 힘에 의해 땅이 솟아올라 산맥이 만들어지기도 한단다.

2 옛날에는 어떤 지도가 있었을까?

지도는 아주 오랜 옛날부터 만들어졌어. 왜냐하면 살아가는 데 꼭 필요했기 때문이지. 사람들은 사냥감이 많은 곳이나 물을 구할 수 있는 곳을 다른 사람들에게 알려 주려고 했어. 이럴 때 지도가 가장 효과적이었지.

세계 최초의 지도는 기원전 700년 경에 만들어진 바빌로니아의 점토판 지도야. 이처럼 종이가 만들어지기 전에는 점토판, 가죽, 동굴의 벽면 등을 이용해 지도를 그렸다고 해.

그렇다면 옛날 우리나라에는 어떤 지도가 있었을까? 1402년 조선 태종 때 김사형, 이무, 이회 등이 만든 '혼일강리역대국도지도'는 동양 최초의 세계 지도야.

이 지도는 실제 크기에 비해 한반도를 크게 그리고, 중국의 하천과 섬 등을 자세하게 그려 놓았어. 반면에 일본은 아주 작게 그려 놓은 게 특징이란다.

김정호가 조선 땅 곳곳을 직접 걸어 다니며 그린 대동여지도는 지금의 한반도의 모습과 가장 비슷하게 만들어진 지도야. 대동여지도는 가로 3미터, 세로 7미터, 두께 1센티미터의 목판으로 되어 있는데, 조선 시대 최고의 과학적인 지도로 평가 받고 있단다.

바빌로니아의 점토판 지도

혼일강리역대국도지도

대동여지도

3 국경선에 얽힌 재미있는 이야기들

세계에서 가장 긴 국경선을 가지고 있는 나라는 미국과 캐나다야. 미국과 캐나다의 국경선의 길이는 약 6,400킬로미터인데, 이건 한반도의 남쪽 끝에서 북쪽 끝까지의 길이보다 5배나 더 긴 길이야. 대개 국경선에는 각 나라의 군인들을 두고 경계를 서게 마련이지. 그런데 캐나다와 미국의 국경선에는 경계를 지키는 군인이 없어. 신기하지? 단지 주요 도로에 검문소가 있을 뿐이야. 그래서 미국과 캐나다 사람들은 자유롭게 국경을 넘나든단다.

그리고 세계에서 가장 짧은 국경선은 이탈리아와 바티칸 시티의 국경선이야. 바티칸 시티는 세계에서 가장 작은 나라로 이탈리아의 수도인 로마 시내 안에 있어. 1929년에 이탈리아로부터 독립하여 교황이 직접 다스리는 나라가 되었지. 바티칸 시티는 성벽을 쌓아서 국경선을 만들었지만 모두 다 성벽을 쌓을 수가 없어서 사람이 자주 다니는 곳에는 바닥에 흰 선을 그어 놓았어. '여기부터는 바티칸 시티입니다.'라는 뜻에서 말이지. 하지만 성벽과 흰 선으로 만들어 놓는 국경선을 모두 합쳐 봐야 불과 4킬로미터밖에 안 된단다.

4 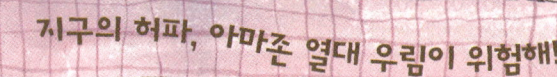 지구의 허파, 아마존 열대 우림이 위험해!

　브라질의 아마존 강은 세계에서 가장 큰 강이야. 그리고 아마존 강이 흐르고 있는 아마존 우림은 세계에서 가장 넓은 숲이지. 아마존 우림은 우리나라 땅의 60배가 넘는데, 얼마나 나무가 많은지 대낮에도 어두컴컴하대.
　그런데 당장 눈앞의 이익만을 생각하는 사람들 때문에 아마존 열대 우림은 심각하게 파괴되고 있어. 아마존 열대 우림은 지난 20년간 우리나라 크기의 5배에 해당하는 면적이 줄어들었단다.
　세계 3대 열대 우림으로 꼽히는 아프리카, 인도네시아 정글의 사정도 마찬가지야. 지금 이 순간에도 1분에 축구장 20개에 해당하는 숲이 이 지구상에서 영원히 사라져 가고 있다고 해.
　만약 지구의 숲이 다 사라지면 세상은 어떻게 변할까? 그렇게 되면 산소 공급이 줄어들기 때문에 지구에 살고 있는 생물은 숨을 제대로 쉴 수 없어. 또 지구의 기온이 빠르게 올라가고, 남극과 북극의 빙하가 녹아 육지를 덮치겠지. 그렇게 되면 우리는 이 지구에서 살 수 없을 거야.

5. 최대의 황무지, 사하라 사막의 비밀은?

　아프리카의 사하라는 지구에서 가장 넓은 사막이야. 사하라 사막은 우리나라 땅보다 무려 86배나 크단다. 또 사하라는 지구에서 가장 뜨거운 사막이야. 한낮에는 평균 기온이 섭씨 40도에서 50도를 오르내리지. 이런 곳에서는 절대 생물이 살 수 없을 거 같지? 하지만 사하라에도 많은 동물들이 살고 있어. 사하라에 살고 있는 동물들은 대개 낮에는 땅을 파고 들어가 있다가 해가 지면 밖으로 나와서 활동을 한단다.

　지리학자들은 아프리카 대륙을 나눌 때 사하라 사막을 그 기준으로 삼아. 사하라 사막의 위쪽 지역은 북부 아프리카, 그 아래 지역인 중남부 아프리카로 나누지. 이렇게 나누는 이유는 아주 간단해. 사하라 사막을 경계로 두 지역의 문화와 기후가 크게 달라지거든.

　기후가 건조한 이집트, 리비아, 모로코 등은 북부 아프리카에 속하는데, 이들은 대부분 아랍어를 사용하고 이슬람교를 믿어. 이에 비해 나이지리아, 가나, 소말리아, 카메룬 등의 나라가 속해 있는 중남부 아프리카는 종교, 언어가 아주 다양해. 또 중남부 아프리카의 적도 부근은 기온이 높고 강수량이 많아 열대 초원과 열대 우림 지역이 넓게 펼쳐져 있단다.

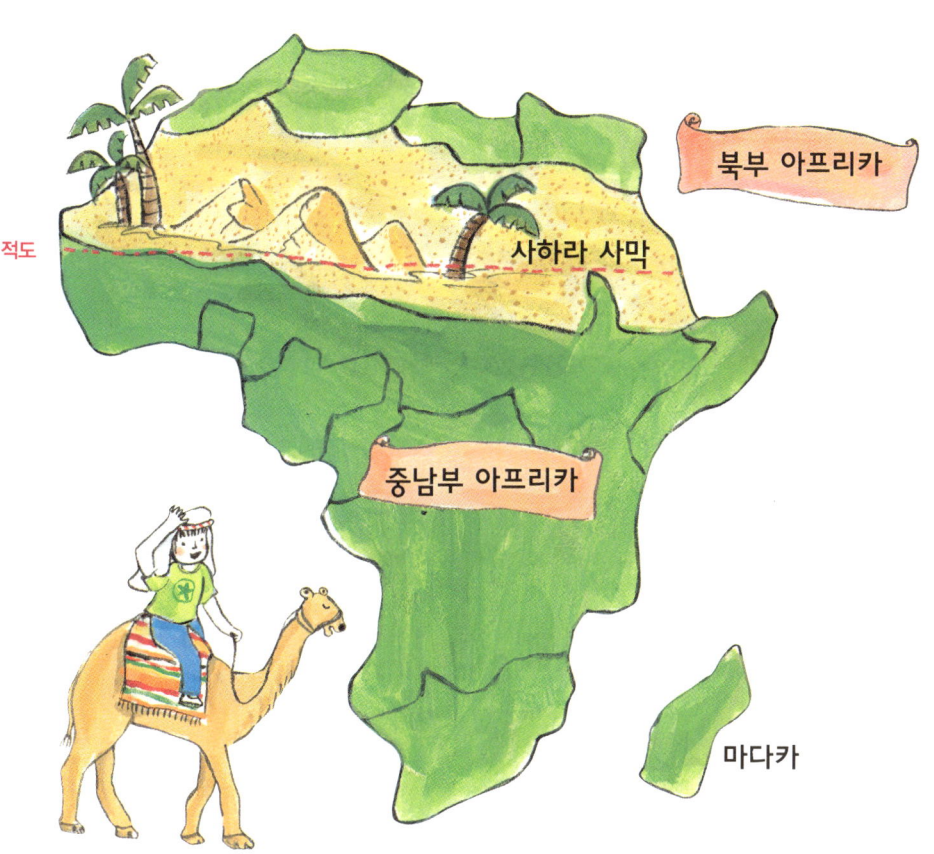

구석구석 5대양 6대주 지리동화
좌충우돌 세계지리탐사대

1판 1쇄 인쇄 | 2009. 10. 20.
1판 7쇄 발행 | 2021. 7. 1.

황근기·노지영 글 | 정호선 그림 | 윤옥경 감수 및 추천

발행처 김영사
발행인 고세규
등록번호 제406-2003-036호
등록일자 1979. 5. 17.
주소 경기도 파주시 문발로 197 (우10881)
전화 마케팅부 031-955-3100 편집부 031-955-3113~20
팩스 031-955-3111

ⓒ 2009 황근기, 정호선
이 책의 저작권은 저자에게 있습니다. 저자와 출판사의 허락 없이
내용의 일부를 인용하거나 발췌하는 것을 금합니다.

값은 표지에 있습니다.
ISBN 978-89-349-3594-0 73980

좋은 독자가 좋은 책을 만듭니다.
김영사는 독자 여러분의 의견에 항상 귀 기울이고 있습니다.
전자우편 | book@gimmyoung.com 홈페이지 | www.gimmyoungjr.com

어린이제품 안전특별법에 의한 표시사항

제품명 도서 제조년월일 2021년 7월 1일 제조사명 김영사 주소 10881 경기도 파주시 문발로 197
전화번호 031-955-3100 제조국명 대한민국 ⚠주의 책 모서리에 찍히거나 책장에 베이지 않게 조심하세요.